귀하신 섬김, 늘 감사드리며

─────────── 님을 은혜의 바다로 초대합니다

2018.   최 남 철 드림

은혜의
바다로

Deep into Grace

은혜의 바다로

최남철 지음

고요아침

추천의 글

이순(耳順)은 귀가 순해지는 나이입니다.
삶을 돌이켜 보기에 좋은 계절입니다.
이 책은 저자가 받으신 은혜를 돌아본 기록입니다.
더 깊은 은혜의 바다로 잠심하고픈 마음의 고백입니다.

어거스틴의 고백록 이후 우리는 고백의 용기를 얻었습니다.
이 책은 그런 용기 있는 고백의 한 편린입니다.
과거를 조망하고 현재를 반성하고 미래를 소망하는 기록입
니다. 저자는 매우 정직한 지혜로 자신의 삶을 나누고 있습
니다.

요즘 저마다 자신을 과대포장 하는 시대를 삽니다.
그런 의미에서 이 책은 순전한 생의 진실을 보여줍니다.

저자의 고백에서 우리 모두의 삶의 진실을 다시 만나게 됩니다. 저자의 기도처럼 우리 모두 은혜의 깊은 바다로 나아가기를 소망합니다.

이 책을 읽는 모든 이들에게 은혜의 이슬이 내리기를 기도합니다.

이동원 (지구촌교회 원로목사)

추천의 글

우리의 인생은 넓은 바다를 항해하는 것과 같습니다.
때론 순풍이 불어서 우리 삶을 평안하게 인도하지만,
때론 거친 풍랑이 우리 인생을 위협합니다.
하지만 우리의 선장 되시는 하나님께서
우리를 소망의 항구로 인도하시는 은혜를 베푸십니다.

저자는 신실한 그리스도인으로 복음의 일꾼이자,
교회의 일꾼으로 성실하게 섬김의 삶을 사신 분입니다.
저자가 살아온 인생의 바다에서 만난 하나님은
그를 도우시고, 그를 인도하시고, 그를 건져주신 하나님이십
니다.

오늘도 힘겨운 인생의 항해를 하고 있는 모든 분에게
이 책은 하나님의 은혜를 바라보게 하고, 소망의 길을 안내
할 것입니다.

이 책을 통해 많은 사람이 하나님의 풍성한 은혜를 경험하고, 주님을 알지 못하는 영혼들이 주님을 만나는 은혜의 간증이 되길 기도합니다.

진재혁 (지구촌교회 담임목사)

프롤로그

은혜! 생각만해도 가슴 벅차 오르는 감격입니다. 올해로 주님을 영접한 지 31년째입니다만 돌아보니 모든 것이 다 하나님의 은혜였습니다. 그간 여한 없이 햇빛과 공기를 거저 누려온 것처럼, 하나님의 한량없는 은혜 가운데 살아왔음을 깨우쳐 알게 되었습니다. 그 헤아릴 수 없는 은혜에 대하여 마음속 깊이 감사를 드리지 못하고 살아왔음을 고백합니다. 깊고 먼 바다에 대한 막연한 두려움과 안일함으로 바닷가 해안 언저리에만 머물며 살아온 제 나약한 믿음, 불순종을 회개합니다. 창공으로 힘차게 비상할 수 있는 은혜의 날개를 주셨음에도 작은 날개 짓 퍼덕이며 둥지 주변만 맴돌다가, 주신 은사 다 허비하고 살아온 제 어리석음도 용서해 주소서. 한량 없이 부어 주시고, 채워 주셨음에도 늘 허기진 듯, 갈급한 듯 '주시옵소서' 만을 입에 달고 살아온 제 이기심, 제 기복적 믿음을 바로잡아 주소서. 주님께 축복을 구하는 기도가 아니라 부어주신 축복, 제대로 담을 수

8

있는 그릇되게 해달라고 기도하는 지혜를 주소서. 은혜 내려달라고 간구하기 보다는 제 앞에 펼쳐 주신 은혜의 바다로 마음껏 노 저어 나아감으로 한량 없는 주님의 은혜 누리게 하옵소서.

　이순耳順을 바라보면서, 제 삶 가운데, 제 심령에 사무쳤던 은혜의 단상들을 한데 묶어 책으로 출간하게 되었습니다. 이 모두가 주님의 은혜입니다. 제 좁은 영적 시야에서 조망 된 미숙한 글이지만 부디 이 부족한 글을 통하여, 독자 여러분들을 우리 주님의 한량없는 은혜의 바다로 안내할 수만 있다면 더 없는 보람과 기쁨이 아닐 수 없습니다. 우리 각자에게 허용하신 은혜의 바다로 마음껏 노를 저어 나아가 하나님께서 예수 그리스도안에 베풀어주신 놀라운 사랑과 은혜, 지혜와 능력, 구원과 영생에 이르는 축복을 마음껏 누리시길 주님의 이름으로 축원합니다.

2018. 01.
은혜의 바다에서,
최남철 올림

차례

대관령 양떼 목장

여호와는 나의 목자시니 내게 부족함이 없으리로다
그가 나를 푸른 풀밭에 누이시며 쉴만한 물가로 인도하시는도다
내 영혼을 소생시키시고 자기 이름을 위하여 의의 길로 인도하시는도다
......
내 평생에 선하심과 인자하심이 반드시 나를 따르니리
내가 여호와의 집에 영원히 살리로다
(시편 23절 1~3, 6절)

하나님의 울타리

어릴 적 친구와 어울려 땅콩 서리를 하다가 그만 그 밭의 주인 아들한테 들키고 말았습니다. 같은 학교 동급생인 그 아이가 학교에 이 사실을 알리겠다고 협박하는 바람에 우리는 근 1년 가까이 본의 아니게 그 아이의 심부름꾼으로 지내야 했습니다. 우리 집 논과 인접한 그 밭 길을 굴렁쇠 굴리며 수없이 다니면서도 나는 그 밭에 땅콩이 있는 줄은 전혀 몰랐습니다. 너무나 자유롭고 즐겁게 콧노래를 부르며 다니던 그 길이었지만 친구의 유혹으로 땅콩을 캐 먹다 들킨 뒤로 그 밭 길은 내게 평안과 자유의 길이 아니라 부끄러움과 수치의 길이 되었습니다. 나에게 늘 꿈을 주고 서정을 불러일으키는 아름다운 길이 아니라 가시와 엉겅퀴를 내는 에덴의 동쪽과 같은 길이 되었습니다. 그리고 상당히 긴 기간을 그 밭 주인 아들의 종이 되는 수모를 겪어야 했습니다.

믿음에 바로 서 있지 못한 청소년기, 에덴동산의 선악과 사건은 내게 늘 불가사의한 의문이었습니다. 왜 하나님께서는 아름답고 평온한 에덴동산에 올무와도 같은 선악과나무를 심어 놓으셔서 아담과 하와를 시험에 들게 하시고 그들로 하여금 저 주의 유혹에 빠지게 하셨을까? 27세의 나이에 복음으로 거듭나면서 이 의문은 눈 녹듯 풀렸습니다. 선악과는 결코 하나님의 짓궂은 심술이 아니며 오히려 우리를 향하신 그분의 각별한 사랑의 배려임을 깨닫게 된 것입니다.

푸르른 초원에 양떼를 방목할 때 목자는 초원의 가장자리 절벽과 늑대와 곰이 출몰하는 골짜기 언저리로 양들이 접근하지 못하도록 지켜서 양을 보호합니다. 평온한 초원에서 마음껏 풀을 뜯고 자유를 만끽하되 경계를 넘어가면 생명을 잃을 수 있으니 절대 조심 하라는 뜻에서 보호의 테두리를 둘러 주는 것입니다. 결코 양의 자유를 구속하고 억압하기 위한 강요가 아니라 양에게 최대한 자유를 주면서 양떼를 지켜 주려는 사랑의 배려인 것입니다. 우리의 목자 되시는 하나님께서 양 무리와 같은 우리에게 넘지 말아야 할 경계와 금도襟度의 울타리를 쳐주신 이유가 여기에 있습니다.

우리는 일상 삶에서도 자주 에덴동산의 선악과와 마주하게 됩니다. 하나님께서는 우리에게 자유의지를 주셨고, 선택의 자유를 허락하셨기에 우리는 해야 될 일, 해서는 아니 될 일들 사이에서 끊임없는 선택을 스스로 해야 합니다. 그리고 그 선택에 대한 책임은 우리의 몫입니다. 거듭난 크리스천은 누구나 하나님의 품 안에서 마음껏 자유와 생명, 안식과 기쁨을 누릴 특권을 가집니다. 그러나 이 은혜는 어디까지나 하나님의 말씀과 계명의 울타리 안에서만 유효한 선물입니다. 불순종함으로 그 울타리를 넘어가게 되면 우리에게 부여된 이 축복을 상실하게 됩니다. 뱀(사탄)에게 속아, 순간적 유혹을 못 이겨 영원한 생명의 축복을 잃어버린 아담과 하와의 비참한 운명은 우리에게 반면교사가 되고 있습니다.

말씀을 통해 우리에게 주시는 하나님의 계명은 우리를 끔찍하게 사랑하시는 그 분의 사랑과 보호의 울타리입니다. 하나님께서 말씀으로 구획해 주시는 땅, 그 분의 사랑과 관심의 시선이 늘 머무는 축복의 지경 안에서 구원, 사랑, 영생, 화평, 기쁨, 안식의 은혜를 맘껏 누려야 하겠습니다.

엉겅퀴

"네 하나님 여호와께서 이 사십년 동안 네게 광야의 길을 걷게 하신 것을 기억하라
이는 너를 낮추시며 너를 시험하사 네 마음이 어떠한지
그 명령을 지키는지 지키지 않는지 알려 하심이라…
이는 다 너를 낮추시며 너를 시험하사 마침내 네게 복을 주려 하심이었느니라"
(신명기 8장 2절~16절)

고난의 보자기에 싸여오는 축복

　내 방식으로 내 뜻대로 모든 일이 술술 풀려 콧노래가 절로 나온다면 우리는 그것을 형통이라고 착각하기 쉽지만, 사실은 실패가 이미 잉태되고 있는 고난의 전주곡 일 수 있습니다. 대부분의 사람은 형통을 축복으로 생각하며 고난을 저주로 받아들이곤 합니다. 순풍에 돛을 단 듯, 하는 사업마다 잘되고 돈이 잘 벌리고 건강하고 자식이 잘되고 하면 내가 마치 하나님께 상급을 받아서 그런 복을 누리는 것으로 생각하기 쉽습니다. 반대로 하는 일마다 꼬이고 건강이 나빠지고 자녀들마저 속을 썩이면 저주받아 그런 것처럼 낙담하고 푸념합니다. 그러나 우리 영혼의 주인이신 하나님의 판단 기준은 다릅니다. 하나님께서는 먼저 우리의 영혼이 잘되고 그 결과로 범사에 우리가 잘 되길 원하십니다.

"사랑하는 자여 네 영혼이 잘됨 같이 네가 범사에 잘되고 강건하기를 내가 간구하노라"

(요한삼서 1장 2절)

하나님은 만물의 창조주요, 우주와 그 가운데 있는 모든 질서를 만드신 분이기 때문에 하나님께는 막힘과 실패가 없으며 하나님은 형통 그 자체이십니다. 따라서 하나님의 형상대로 지음 받은 우리도 동일한 축복의 약속을 받았지만, 선악과를 먹고 죄로 타락하면서 그 복을 잃어버렸습니다. 하나님께서는 우리 영육간의 모든 필요를 무제한으로 공급해 주신 에덴동산은 바로 형통의 터전이며 젖과 꿀이 흐르는 기름진 복지福地였습니다. 우리의 죄로 말미암아 그 땅이 저주를 받고 가시덤불과 엉겅퀴를 내게 되면서 우리는 평생 수고하고 얼굴에 땀을 흘려야만 겨우 그 소산을 먹을 수 있게 되었습니다. 여자에게는 해산의 고통이 주어졌습니다. 죄로 인하여 하나님과의 관계가 악화되며 하나님의 피조물인 인간, 자연, 동물과의 관계도 악화되었습니다. 우리를 둘러싼 관계와 환경으로부터 고난이 시작된 것입니다.

하지만 우리는 이 고난을 통해 죄인 된 우리의 실존을 되돌아 보고 회개하며 하나님 앞에 겸손을 배우게 됩니다. 말씀에 순종해야 하는 준엄한 이유를 깨우치게 됩니다. 하나님께서는 우리를 괴롭히기 위하여 가시와 엉경퀴를 주신 것이 아니라 우리가 가시에 찔릴 때마다, 엉경퀴에 걸려 넘어질 때마다 선악과의 달콤한 유혹에 빠져든 그 대가가 얼마나 고통스럽고 참담한지를 일깨워 주시기 위해 가시와 엉경퀴의 고난을 주신 것입니다. 여자에게 해산의 고통을 주신 것은 죄로 타락한 인간이 흠이 없는 하나님의 자녀로 다시 태어나는 '영적 거듭남'에는 엄청난 해산의 수고가 따름을 깨우쳐 주시기 위함입니다. 예수 그리스도께서 몸소 겪으신 십자가의 고난은 바로 우리의 영적 거듭남을 위한 해산의 고통이었습니다.

지금 우리가 삶 가운데 만나는 다양한 형태의 고난도 그 근원을 살펴보면 의식주의 고난, 관계의 고난이 대부분입니다. 가정, 일터, 교회 등 우리의 만남의 장場에는 늘 가시덤불이 존재합니다. 여러 모양의 관계의 가시가 우리를 찌르고 아프게 합니다. 우리가 먹고 사는 의식주의 장인 사업과 일터에는 엉경퀴 같은 걸림돌이 늘 우리의 발목을 붙들고 걸려 넘어지게 합니다. 우리의 형통을 가로막습니다. 이 모두가 다 고난입니다. 인생을 고난의 바다, 고해苦海로 부르는 이유가 여기에 있습니다.

하나님께서 우리에게 고난을 허락하신 목적은 고난 그 자체에 있지 않습니다. 고난을 통해 우리를 거룩함으로 인도하시고 보석처럼 영롱한 빛의 자녀로 빚어내기 위함입니다. 진주가 만들어지는 과정에는 이 놀라운 하나님의 섭리가 숨어있습니다. 진주조개의 입으로 거친 바닷모래가 쓸려 들면 조개의 부드러운 속살에 생채기가 나고 이를 감싸기 위해 진액을 분비합니다. '조개의 눈물'로 불리는 이 진액이 계속 흘러나와 모래를 감싸고 감싸면서 영롱하고 눈부신 진주가 만들어집니다. 진주는 조개가 고통을 감내하면서 흘리는 눈물의 결정체인 것입니다. 우리도 삶 가운데 이런저런 모양의 고난과 어려움을 만나게 되면 마음에 상처를 받게 됩니다. 그러나 대부분의 경우 우리에게 다가오는 역경에 대하여 그 원인을 자신의 내면에서 찾기보다는 외부의 탓으로 돌리며 불평하고 원망합니다. 그래서 우리는, 진주조개처럼 주어진 아픔과 고통을 내 안에서 소화하며, 자백과 회개를 통해 나의 눈물로 수용하고, 내 심령의 진액으로 감싸지 못함으로 하나님의 긍휼과 은혜를 경험하지 못합니다. 그래서 진주처럼 찬란한 보석을 빚어내지 못하고 고난을 고난으로 마감하는 경우가 많습니다.

믿는 성도에게 고난은 자신을 돌아보게 하는 소중한 성찰의 시간이며 수많은 질문과 회의를 통해 하나님의 섭리하심에 대한 이해의 지평을 넓혀가는 축복의 과정입니다. 고난을 통해 정금같이 연단된 귀한 믿음을 갖게 하는 창조의 과정입니다. 아프게 하시고 낮게 하시고 낮추시고 높이시며 죽이시고 살리시는 하나님의 '창조적 파괴'의 섭리는 얼마나 신실하고 아름다운 손길입니까!

우리네 삶에서 마주하는 갖가지 어려움과 그 고난의 보자기를 풀어헤쳐 보면 그 안에는 우리가 미처 생각지도 못했던 놀라운 은혜의 선물이 곱게 쌓여 있음을 발견하곤 합니다. 아버지의 사랑이 듬뿍 담긴 뜻밖의 선물에 가슴 뭉클한 감동을 느끼며 감격하고 감사하게 됩니다.

하나님께서 우리 각자의 삶에 각양각색의 가시를 주시고 고통의 광야를 허락하신 것은 이 광야 같은 순례 길에서 눈에 좋아 보이는 현실에 탐닉하고 함몰되지 않도록 우리 각자를 일깨워 영원한 안식의 도성으로 이끌어 주시려는 그 분의 각별하신 사랑의 손길입니다. 이 시련과 좌절을 통하여 겸손과 인내를 배우게 하시고 우리를 연단하신 후 우리 각자의 고유한 빛깔과 향기로 주님을 찬양하게 하려는 놀라운 은혜의 손길입니다. 아픔과 시련을 이겨낸 믿음이 또 다른 빛이 되어 이웃의 어둠을 밝혀주고, 그들의 고통을 돌아보며 따뜻하게 보듬어 안아 줄 넉넉한 가슴을 지닌, 축복의 통로로 우리를 세우시려는 계획입니다. 정금 같이 연단된 귀하고 성숙된 믿음으로 주님과 교회를 섬기게 하려는 하나님의 인도하심 입니다. 그래서 고난은 축복의 시작입니다. 만일 우리가 시련과 좌절 가운데 고난의 사막, 절망의 광야를 걷고 있다면 너무 슬퍼하지 말아야 합니다. 당신에게 가나안의 축복이 이미 예비 되고 있음에 감사해야 합니다. 할렐루야!

"네 하나님 여호와께서 이 사십 년 동안 네게 광야의 길을 걷게 하신 것을 기억하라 이는 너를 낮추시며 너를 시험하사 네 마음이 어떠한지 그 명령을 지키는지 지키지 않는지 알려 하심이라… 이는 다 너를 낮추시며 너를 시험하사 마침내 네게 복을 주려 하심이었느니라"

(신명기 8장 2절~16절)

"고난 당한 것이 내게 유익이라 이로 말미암아 내가 주의 율례들을 배우게 되었나이다"

(시편 119편 71절)

"도가니는 은을, 풀무는 금을 연단하거니와 여호와는 마음을 연단하시느니라"

(잠언 17장 3절)

"그러나 내가 가는 길을 그가 아시나니 그가 나를 단련하신 후에는 내가 순금같이 되어 나오리라"

(욥기 23장 10절)

동백꽃

"고난 당한 것이 내게 유익이라 이로 말미암아
내가 주의 율례들을 배우게 되었나이다"
(시편 119편 71절)

자주개나리

"여호와는 의로우사 의로운 일을 좋아하시나니
정직한 자는 그의 얼굴을 뵈오리로다"
(시편 11편 7절)

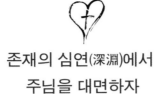

존재의 심연(深淵)에서
주님을 대면하자

강과 바다의 심연에는 고요와 적막감이 있습니다. 세상의 번잡함, 소음과 단절된 고독한 침묵, 평온이 있습니다. 그 단절된 심연에서는 내 심장의 고동 소리, 내 허파의 숨소리마저도 증폭되어 울립니다. 그간 세상의 소란 가운데 듣지 못했던 내안의 소리, 느끼지 못했던 내 살갗의 감촉이 살아나 느린 동작으로 내게 말을 걸어옵니다. 외형의 가식을 벗고 저잣거리의 소란에 귀를 막은 채 존재의 심연에서 마주하는 나의 참모습 앞에 그제야 진실로 다가서는 자애로운 그 분의 얼굴, 따뜻한 음성! "내가 너를 간절히 찾았다고! 내가 너를 용서하고 사랑한다고! 내가 너를 귀히 여긴다고! 내가 너를 지명하여 불렀다고! 너는 내 것이라고!"

그렇게 하나님은 모리아 산 바위에서 이삭을 번제로 드리려던 아브라함의 고독한 결단 앞에 그를 만나 축복하셨고, 얍복강 나루터에서 칠흑 같은 어둠 가운데 야곱에게 씨름을 걸어와 완악하고 교만한 야곱의 환도 뼈를 치심으로, 야곱으로 하여금 하나님만을 경외하고 의지함으로 승리하는 이스라엘이 되게 하셨습니다. 또 미디안 사막에서 적막한 외로움 가운데 홀로 실의에 빠져있던 모세를 만나 구원자의 새 소명을 주셨으며, 로뎀 나무 아래서 비탄으로 자포자기에 빠진 엘리야를 소성시켜 새 힘을 주셨습니다. 또 그렇게 예수님은 사마리아 수가의 우물가에서, 마음에 쉼이 없던 한 여인을 만나 영원한 생명 샘의 안식을 주셨고, 또 간음하다 현장에서 붙잡혀 부끄러움과 수치, 공포에 떨던 한 불쌍한 여인에게 참 자유를 주셨습니다.

이 모든 축복된 만남은 한 가지 공통점을 지니고 있습니다. 바로 하나님, 예수님과의 진실된 대면입니다. 때론 고독과 절망 가운데, 때론 부끄러운 나의 수치 가운데, 나의 연약한 모습 그대로 주님과 일대일로 마주하는 절실한 독대獨對입니다.

매일 매일 다람쥐 쳇바퀴 도는 분주한 일상 가운데 이 귀한 만남을 위한 자투리 시간, 공간을 확보하고 산다면 복된 삶입니다. 말씀을 깊이 묵상하고 주님을 깊이 만나 교제하는 축복과 은혜는 참 그리스도인의 특권입니다. 모세가 시내 산에서 사십 주야를 하나님과 대면함으로 얼굴에 광채를 입었듯, 우리도 주님과 늘 대면하고 교제함으로써 그 분을 아는 빛과 향기를 얼굴에, 삶에 간직하며 주변에 빛이 되고 복이 되는 삶을 살아야겠습니다.

존재의 심연深淵, 그 깊은 적막 가운데 마주하는 고요와 평화! 모든 발버둥, 몸부림 다 내려놓고 물의 부력에 온전히 몸을 내맡기며 가라앉는 겸손과 자유! 그리고 마침내 발이 닿게 되는 든든하고 견고한 바닥 위에서 느껴보는 참 안식과 쉼! 그래서 존재의 심연深淵은 항상 우리 주님과 맞닿아 있는 은혜와 축복의 장소입니다. 할렐루야!

"여호와는 의로우사 의로운 일을 좋아하시나니 정직한 자는 그의 얼굴을 뵈오리로다"

(시편 11편 7절)

"여호와여 내가 깊은 곳에서 주께 부르짖었나이다 주여 내 소리를 들으시며 나의 부르짖는 소리에 귀를 기울이소서…나 곧 내 영혼은 여호와를 기다리며 나는 주의 말씀을 바라는도다 파수꾼이 아침을 기다림보다 내 영혼이 주를 더 기다리나니 참으로 파수꾼이 아침을 기다림보다 더하도다"

(시편 130편 1절~6절)

사철채송화

"내가 너를 지명하여 불렀나니 너는 내것이라
내가 너를 보배롭고 존귀하게 여기노라
너를 사랑하는 네 여호와라
(복음성가 : 나의 안에 거하라 中)

아버지, 당신의 눈길이 머무는 곳에!

젊어서 부모에게 불효를 일삼던 자식들도 막상 본인이 자녀를 낳고 기르다 보면 부모의 심정을 깨닫게 됩니다. 자식이 청개구리처럼 사사건건 어깃장을 놓고 속을 썩이게 되면 홧김에 '무자식 상팔자'라는 탄식을 내뱉기도 합니다. 애지중지 금지옥엽처럼 키운 자녀일수록 부모의 속을 썩이는 경우가 많은데, 이는 부모의 기대와 관심이 크면 클수록 자녀로부터 받는 배신감과 상실감도 그만큼 크기 때문입니다. 그럼에도 불구하고 부모 입장에서는 "고슴도치도 제 새끼 고운 줄 안다"는 속담처럼 자식을 아끼고 사랑할 수 밖에 없습니다. 천륜지정天倫之精, 저절로 가슴 밑바닥에서부터 우러나오는 사랑인 것입니다.

성경 누가복음 15장에 등장하는 탕자의 아버지가 여기에 해당합니다. 탕자는 아버지가 멀쩡히 생존해 있는데도 자기 몫의 유산을 달라고 졸라 그 유산을 가지고 먼 나라에 가서 허랑방탕

하여 다 탕진하고 맙니다. 마침 그 나라에 크게 흉년이 들어 먹을 것 조차 궁핍하여 돼지가 먹는 쥐엄 열매로 허기를 채우는 비참한 상황을 맞이합니다. 그러나 아들을 떠나 보낸 아버지는 아들이 나간 날부터 하루도 거르지 않고 아들이 사라진 지평선 너머를 애타는 눈으로 바라보며 노심초사합니다. 행여나 잘못될까, 어려운 일 당하지 않을까, 어디 아픈 데는 없는지, 밥은 굶지 않는지… 속을 썩이고 유산을 가지고 나가 탕진하는데 대한 미움과 분노는 간데없고 불쌍하고 짠한 연민의 정만 끓어 오릅니다. "이미 네 모든 허물, 다 용서했으니 제발 건강하게 무탈하게 돌아만 와다오"하는 간절한 염원으로 아득한 지평선을 눈이 아프도록 주시합니다. 이것이 아버지의 마음입니다.

금년이 세월호 참사 3주기가 되는 해입니다. 그간 팽목항이 잘 내려다보이는 동거차도 섬 중턱에 텐트를 치고 자신의 자녀들이 배에 갇힌 채 가라앉은 진도 앞바다 해수면을 뚫어지게 응시하며 돌아오지 못할 자녀를 애타게 기다리는 한 부모의 인터뷰를 보고 가슴이 아파왔습니다. "살아도 산 게 아닙니다. 내 가슴은 새까맣게 다 타서 숯덩이가 되었습니다. 돌이킬 수만 있다면 백 번이라도 내가 대신 죽고 내 새끼를 살릴 수 있었으면 좋겠습니다" 저 멀리 수평선에 고정된 부모의 그 가슴 아린 눈빛을 잊을 수가 없습니다. 순간 31년 전에 내가 만난 주님, 온몸이 찢긴 채 십자가에 못 박혀 타들어가는 목소리로 "아버지 저들의 죄를 사하여 주옵소서"(눅 23장 34절), "오늘 네가 나와 함께 낙원에 있으리라"(눅 23장 43절), "내가 다 이루었다"(요 19장 30절)고 내게 속삭이듯 말씀하시던 예수님의 그 동정 어린, 애잔한 눈빛이 오버랩 되며 제 가슴이 저며옵니다. '내가 너를 이토록 사랑하노라'고, '너는 내 것이라'고! 이것이 부모의 마음이고, 부모의 사랑입니다.

완악한 마음으로 사춘기, 청년기를 보내다가 대학교 1학년 때 지인의 권유로 여름성경캠프에 참석하여 복음을 듣게 되었지만 "도대체 왜? 무엇 때문에 예수가 나를 위하여 십자가에서 저 고통을 당했단 말인가?" 도무지 믿어지지 않고 풀리지 않는 의문에 사로잡히게 되었습니다. 그로부터 6년 후, 군복무를 마치고 제대하자마자 나는 이 의문을 풀기 위하여 다시 그 캠프를 찾게 되었고 성경 말씀을 읽어 가던 중에 이사야 53장 5절, 6절 말씀에서 오랜 기간 풀리지 않던 수수께끼가 풀렸습니다. '내가 너를 이렇게까지 사랑한다'는 놀라운 말씀 앞에 제 모든 아집과 교만, 의심이 다 무너지고 녹아내렸습니다. 그동안 그 숱한 방황과 질곡과 같은 삶의 여정에서도 나를 간절히 찾고 계셨던 하나님 아버지의 그 애틋한 시선이 늘 나와 함께 머물고 계셨음을 깨닫고 그 한량없는 사랑과 은혜에 겨워 감격의 눈물을 쏟게 되었습니다. 난생처음 느껴보는 평안, 기쁨, 자유가 저를 향해 쇄도하고 에워싸기 시작했습니다. 십자가에 매달려 거친 호흡 몰아쉬며 내 이름을 부르시던 주님의 간절한 음성, 내 얼굴을 찾던 애절한 눈빛! 잃어버린 아들을 찾아 지평선 너머를 애타게 응시하던 탕자의 아버지의 간절한 기다림! 동거차도 섬 중턱에서 넋을 잃고 진도 앞바다를 하염없이 바라 보던 어느 부모의 애끓는 마음! 우리를 향하신 아버지의 애절한 사랑입니다. 할렐루야!

"그가 찔림은 우리(나)의 허물을 위함이요 그가 상함은 우리(나)의 죄악을 인함이라 그가 징계를 받음으로 우리(내)가 평화를 누리고 그가 채찍에 맞음으로 우리(내)가 나음을 입었도다 우리는 다 양 같아서 그릇 행하여 각기 제 길로 갔거늘 여호와께서는 우리 무리의 죄악을 그에게 담당시키셨도다"

(이사야 53장 5~6절)

"하나님이 세상을 이처럼 사랑하사 독생자를 주셨으니 이는 그를 믿는 자마다 멸망하지 않고 영생을 얻게 하려 하심이라 하나님이 그 아들을 세상에 보내신 것은 세상을 심판하려 하심이 아니요 그로 말미암아 세상이 구원을 받게 하려 하심이라"

(요한복음 3장 16~17절)

나의 안에 거하라(복음성가)

"나의 안에 거하라 나는 네 하나님이니
모든 환란 가운데 너를 지키는 자라
두려워 하지말라 내가 널 도와주리니
놀라지 말라 네 손 잡아주리라

내가 너를 지명하여 불렀나니 너는 내것이라
내것이라 너의 하나님이라
내가 너를 보배롭고 존귀하게 여기노라
너를 사랑하는 네 여호와라"

"

"흩어 구제하여도 더욱 부하게 되는 일이 있나니
과도히 아껴도 가난하게 될 뿐이라
구제를 좋아하는 자는 풍족하여질 것이요
남을 윤택하게 하는 자는 자기도 윤택하여지리라"
(잠언11장 24절~25절)

축복의 통로, 생수의 강

　이스라엘 북부에 위치한 갈릴리 호수는 신약성경에만 70번 정도 언급될 정도로 영적으로 중요한 의미를 갖는 호수입니다. 이 호반에 위치한 가버나움은 예수께서 공생애를 시작하신 유서 깊은 장소이며 예수의 수제자인 베드로, 야고보, 요한도 이곳 갈릴리 호반에 위치한 막달라 지역에서 태어났습니다. 이 갈릴리 호수^{바다}의 수원은, 하늘의 신령한 이슬이 내린다는 이스라엘의 영산靈山, 헐몬^{Hermon}산의 눈 녹은 물입니다. 신기하게도 헐몬산에 쌓인 눈이 녹아 세 갈래의 물줄기를 이루어 갈릴리 바다로 흘러듭니다. 마치 성부, 성자, 성령 삼위를 상징하듯 하늘의 신령한 축복이 위로부터 갈릴리 호수에 부어지고, 호수 바닥에서는 영생하도록 솟아나는 샘물이 보태져서 바다처럼 드넓은 갈릴리 호수를 이룹니다. 그래서 갈릴리 호수는 태생 그 자체가 복음입니다.

　위로부터는 하늘의 신령한 축복이, 아래로부터는 우리 심령

밑바닥에서 샘솟아 나오는 영원한 생명 샘이 만나 어우러지는 영혼의 갈릴리 바다!

그 은혜의 바다로 마음껏 헤엄쳐 나아가는 삶은 복된 삶입니다. 신성과 인성이 만나 어우러지는 갈릴리 호수는 축복의 근원이신 예수 그리스도의 그림자이기도 합니다. 주님의 보혈의 은혜를 우리 심령 가운데 깊이 체험한 크리스천들은 그 내면에 솟아나는 생명의 샘, 기쁨의 샘, 부활의 샘을 지니고 있습니다. 이 샘은 영생하도록 솟아나는, 마르지 않는 은혜와 사랑의 샘입니다. 우리 각자의 샘들이 모여 시내를 이루고 시내들이 모여 강을 이루듯 우리 구원받은 지체들이 모여 목장牧場을 이루고 그 목장들이 모여 교회를 이루고 그 교회들이 연합하여 우주적으로 주님의 몸 된 교회를 이루어 나갑니다.

갈릴리 호수의 넘실대는 물줄기는 요단강 둑을 타고 주변의 논과 밭에 생명수를 공급하여 온갖 과수와 식물로 풍성한 열매를 맺게 합니다. 요단강의 생명수로 목을 축이면 우리의 삶이 "시절을 좇아 과실을 맺으며 그 잎사귀가 마르지 아니함" 같게 됩니다. 갈릴리 호수가 축복의 근원이라면 요단강은 그 축복의 통로입니다.

거듭난 크리스천으로서 삼위 하나님과 깊은 교제를 나누고 사는 사람만이 '영적 갈릴리 호수'를 온전히 누릴 수 있습니다. 먼저 내 삶이 은혜와 축복으로 차고 넘쳐야 주변으로 이웃으로 은혜와 축복을 흘려보낼 수 있습니다. 관계와 만남 가운데 선한 영향력을 끼칠 수 있습니다. 주님의 보혈로 거듭난 우리는 이웃과 주변에 그 고귀한 보혈의 통로, 복음의 통로, 은혜의 통로가 되어야 합니다.

요단강을 통하여 흘러내린 물은 마침내 사해 바다로 모여듭니다. 사해 바다는 해발보다 400m나 낮은 곳에 위치하여 요단 강물을 계속 받기만 하지 흘려보내지 못해 죽음의 바다가 되었습니다. 물고기 한 마리 살 수 없는 짜디짠 죽음의 바다가 된 것입니다. 예수 그리스도의 고귀한 보혈의 은혜로 거듭난 우리의 삶도, 이 귀한 복음을 주변에 흘려보내지 않고 내 안에 계속 받아 가두기만 하면 사해처럼 짜디짠 인색의 바다, 생명이 없는 황폐한 바다로 변질됩니다. 내 안에 주신 영생의 샘물이 언제 어디서 어떻게 막혔는지 되돌아보고, 그 처음 복음의 감격을 회복함으로써 이웃과 주변에 생수의 강으로 흘러넘쳐야 하겠습니다. 할렐루야!

"흩어 구제하여도 더욱 부하게 되는 일이 있나니 과도히 아껴도 가난하게 될 뿐이라 구제를 좋아하는 자는 풍족하여질 것이요 남을 윤택하게 하는 자는 자기도 윤택하여지리라"

(잠언11장 24절~25절)

"주라 그리하면 너희에게 줄 것이니 곧 후히 되어 누르고 흔들어 넘치도록 하여 너희에게 안겨 주리라 너희의 헤아리는 그 헤아림으로 너희도 헤아림을 도로 받을 것이니라"

(누가복음 6장 38절)

"네가 이 세대에서 부한 자들을 명하여 마음을 높이지 말고 정함이 없는 재물에 소망을 두지 말고 오직 우리에게 모든 것을 후히 주사 누리게 하시는 하나님께 두며 선을 행하고 선한 사업을 많이 하고 나누어 주기를 좋아하며 너그러운 자가 되게 하라 이것이 장래에 자기를 위하여 좋은 터를 쌓아 참된 생명을 취하는 것이니라"

(디모데전서 6장 17절~19절)

벚꽃

"흩어 구제하여도 더욱 부하게 되는 일이 있나니
과도히 아껴도 가난하게 될 뿐이라
구제를 좋아하는 자는 풍족하여질 것이요
남을 윤택하게 하는 자는 자기도 윤택하여지리라"
(잠언11장 24절~25절)

그냥 스쳐가는 바람으로만

촉매^{Catalyst}는 스스로 주인이 되려고 하지 않습니다. 자신의 성과와 업적을 드러내지도 않습니다. 물리적, 화학적으로 주변에 작용하여 변화^{change}와 변형^{transformation}을 유도하는 것이 촉매의 사명이자 최종 목표입니다. 촉매는 작용하는 상대방의 물성 物性을 변화시키기도 합니다. 사람에게 작용하여 인성과 인격의 변화를 유도하기도 합니다. 우리의 주변에서 마주하는 빛과 소금이야말로 전형적인 촉매입니다. 빛은 식물의 엽록소에 작용하여 광합성을 일으키고 탄소동화작용을 통하여 식물의 성장을 촉진하고 대기를 정화하는 역할을 합니다. 소금은 음식물에 작용하여 부패를 방지하고 맛의 풍미를 더해 줍니다.

크리스천의 삶은 스스로 주인공이 되기보다는 주변과 이웃에 조용히 표시 나지 않게 작용하여 선한 영향력을 끼쳐 선한 변화를 유도해내는 촉매와 같은 삶이 되어야 합니다. 빛처럼 주변의 어둠을 밝히고 성장을 돕고, 치유하고, 정화시키는 역할을 해야 하고 소금처럼 가정, 이웃, 사회의 부패와 타락과 변질을 막아 원형을 보존하고 삶의 풍미를 배가시켜주는 그런 삶이어야 합니다. 한여름 뙤약볕에서 이마에 맺힌 땀을 시원하게 씻겨주는 고마운 바람으로, 무엇보다도 구원받지 못한 이웃들의 심령에 성령의 바람을 일으켜 거듭나도록 도와주고 흔적 없이 사라지는 그런 바람으로 남아야 합니다. 주변의 영혼들을 주님과 맺어주고 조용히 자리를 비켜주는 겸손한 중매자가 되어야 합니다.

바울이 밀레도에서 예루살렘을 향하여 떠나면서 자신의 마지막 길임을 예감하며 고별 설교를 합니다. "지금 내가 여러분을 주와 및 은혜의 말씀에 부탁하노니 그 말씀이 여러분을 능히 든든히 세우사 거룩하게 하심을 입은 모든 자 가운데 기업이 있게 하시리라"(사도행전 20장 32절) 바울 자신이 전도하여 복음을 깨닫고 거듭난 성도들의 영혼을 '주와 및 그 은혜의 말씀'에 부탁합니다. 은혜의 복음을 듣고, 마음으로 믿고 거듭난 우리 모두에게는 성령이 임하여 내주하게 됩니다. 그 성령이 우리의 심령을 주장하여 말씀과 교제를 사모하도록 하고 우리를 영적으로 성장하도록 역사합니다.

간혹 전도를 잘하는 분들 가운데는 자신이 복음을 전해서 주님을 영접한 사람들을 늘 자신의 주변에 붙들어 두는 경우가 있습니다. 물론 영적으로 갓 태어난 영혼들의 경우 각별한 돌봄과 인도가 필요합니다만 구원받고 오랜 기간이 지났는데도 여전히 자신의 주변에 묶어두고 젖병만 물리고 있는 경우가 있는데 이는 돌봄이 아니라 영적 성장을 가로막는 일이 됨을 알아야 합니다. 전도를 받은 영혼들이 전도자만을 의지하고 바라보며 전도자의 영향권 내에 머물도록 할 것이 아니라 전도자가 손끝으로 가르키는 예수 그리스도만 바라보고 그분께 가까이 나가도록 도와야 합니다. 복음을 증거하여 한 영혼이 거듭났다면 먼저 그 영혼이 주님의 말씀을 공급 받고 교제 가운데 역사하는 성령의 인도하심을 받도록 목장이나 교회와 같은 믿음의 공동체로 인도하여야 합니다. 말씀과 예배의 은혜를 깊이 체험하고 교제와 섬김의 기쁨을 알아가도록 기도하며 중보 해야 합니다. 어디까지나 그 영혼의 주인은 우리 주님이시며 그의 믿음이 성장하고 자라게 하시는 이도 하나님이심을 명심하여 복음의 전도자로서의, 예수 그리스도의 중매자로서의 역할에 머물러야 합니다.

"나는 심었고 아볼로는 물을 주었으되 오직 하나님께서 자라나게 하셨나니 그런즉 심는 이나 물 주는 이는 아무것도 아니로되 오직 자라게 하시는 이는 하나님뿐이니라"

(고린도전서 3장 6~7절)

초대교회 최고의 복음 전도자였던 바울사도의 겸손한 고백을 늘 마음에 새기며 우리 모두가 주님께서 기뻐하시는 복음의 전도자, 복음의 증거자로서의 사명, 아름답게 잘 감당할 수 있기를 소망합니다.

"너희는 세상의 소금이니 소금이 만일 그 맛을 잃으면 무엇으로 짜게 하리요… 너희는 세상의 빛이라… 너희 빛이 사람 앞에 비치게 하여 그들로 너희 착한 행실을 보고 하늘에 계신 너희 아버지께 영광을 돌리게 하라"

(마태복음 5장 13절~16절)

"나와 같이 모든 일에 모든 사람을 기쁘게 하여 자신의 유익을 구하지 아니하고 많은 사람의 유익을 구하여 그들로 구원을 받게 하라"

(고린도전서 10장 33절)

자생굴거리(천리포 수목원)

부활의 아침

    오랜만에 천리포 수목원을 다시 찾았습니다. 비가 촉촉이 내리니 신록의 싱그러움이 더합니다. 창립자인 고 민병갈 박사^{Carl} ^{Ferris Miller}의 초대로 20여년전에 가족과 함께 수목원을 처음 찾았는데 20만평에 달하는 방대한 규모에 놀랐고 인공미를 철저히 배제한 자연 친화적인 조경에 놀라게 되었습니다. 무엇보다도 설립자인 민병갈 박사의 맑고 아름다운 삶에 이끌려 자주 천리포를 찾게 되었습니다. 그는 특히 목련 꽃을 좋아한 나머지 전 세계에 자생하는 약 500여종의 목련 가운데 430여 종을 들여다 심어 그의 수목원은 가히 목련의 정원이라 불리울 만합니다. 해마다 4월 말이면 목련 꽃 축제가 열리는데 장관을 이룹니다. 수목원 안에 조성된 그의 모친의 묘역과 민박사의 묘역에는 그가 가장 아끼던 목련 나무를 심어 기념하고 있는데 청아하고 해맑은 목련 꽃을 보고 있노라면 그 분의 해맑은 미소가 떠오르곤 합니다.

봄비가 보슬보슬 내리는 봄날, 다시 찾은 수목원은 1만 5천 종이 넘는 나무, 꽃, 풀… 한 그루, 한 송이, 한 포기가 어울려 각자의 자태와 향기로 봄의 향연을 노래하고 있었습니다. 민박사는 영면했지만 생전에 그가 그토록 소중하게 애지중지 가꾸고 돌보던 풀, 나무, 꽃들에 그의 정신과 사랑이 깃들어 숨쉬고 있고 그 분의 향기를 내뿜고 있습니다. 인위적이고 인공적인 요소를 싫어하던 고인의 유지를 받들어 농약을 사용하지 않고 가지치기와 전지를 자제한 채 자연 그대로 숨쉬고 자라도록 내버려 둠에도 오히려 자연의 질서와 아름다움이 돋보입니다. 심고 물주는 것은 사람이 하지만 자라나게 하시는 이는 여호와이심을 깨우쳐 주고 있습니다.

봄의 수목원은 창조의 경이로움, 존재의 소중함, 비교될 수 없는 각자의 가치가 어우러져 아름다운 숲을 이루고 봄의 교향악을 연주하고 있습니다. 창조주의 신성과 능력이 오롯이 깃든 천리포 수목원은 그래서 늘 제게 복음입니다. 그중 유난히 제 눈길을 사로잡은 대상은 상록수과의 일종인 '자생 굴거리' 나무였습니다. 바나나 껍질 벗듯 새순, 새잎으로 갈아입는 부활의 몸부림이 큰 감동으로 다가와 제 시선을 사로잡고 있습니다. 애벌레가 껍질을 벗고 새롭게 태어나듯 우리네 삶도 날마다, 달마다, 해마다 부활의 생명으로 거듭나는 기쁨을 누리고 살아야 하겠습니다.

　"너희는 유혹의 욕심을 따라 썩어져 가는 구습을 따르는 옛 사
람을 벗어 버리고 오직 너희 심령이 새롭게 되어 하나님을 따라 의
와 진리의 거룩함으로 지으심을 받은 새 사람을 입으라"

(에베소서 4장 22절~24절)

흑매화

암대극

"그런즉 누구든지 그리스도 안에 있으면 새로운 피조물이라
이전 것은 지나갔으니 보라 새 것이 되었도다"
(고린도후서 5장 17절)

보라! 새 것이 되었도다

한국에서 설맞이 행사로 몸을 깨끗하게 씻는 세신^{洗身} 풍속이 이어져 왔는데 과거의 묵은 때를 다 벗어내고 새로운 마음가짐으로 새해를 맞이하려는 의식입니다. 동시에 한 해를 새로 시작하며 많은 사람은 이런저런 다짐을 하곤 합니다. 담배를 끊고, 술을 줄이고, 늦잠 자는 습관을 고치고, 언행을 바로 하고 등등 많은 다짐을 해보지만 작심삼일^{作心三日}이라고 이 다짐들이 삼일을 못 가 다시 옛 습관으로 돌아가는 경우를 자주 봅니다. 인간은 그만큼 새롭게 변화하기 힘든 속성을 지니고 있습니다.

하나님께서는 예레미야 선지자를 통하여 말씀하시기를 "인간의 죄성은 인간의 노력과 다짐으로 절대 씻어내지 못한다"고 말씀하였습니다. "주 여호와의 말씀이니라 네가 잿물로 스스로 씻으며 네가 많은 비누를 쓸지라도 네 죄악이 내 앞에 그대로 있으리니"(예레미야 2장 22절)

"구스인이 그의 피부를, 표범이 그의 반점을 변하게 할 수 있느냐 할 수 있을진대 악에 익숙한 너희도 선을 행할 수 있으리라"

(예레미야 13장 23절)

비누로 몸의 때는 벗겨낼 수 있을지라도 우리 영혼에 얼룩진 죄의 때는 결코 벗겨낼 수 없다는 말씀입니다. 에디오피아인의 검은 피부를 하얗게 만들 수 없고, 표범의 얼룩 반점을 없앨 수 없듯이 죄와 악에 익숙한 인간의 본성도 그만큼 바꾸기 어렵다는 진단입니다.

베드로 사도는 인간의 이런 모습을 개와 돼지의 속성에 비유하였습니다. "참 속담에 이르기를 개가 그 토하였던 것에 돌아가고 돼지가 씻었다가 더러운 구덩이에 도로 누웠다 하는 말이 너희에게 응하였도다"(베드로후서 2장 22절)

절망적인 인간의 모습이자 극복하기 힘든 인간의 한계를 말해주고 있습니다. 그러한 우리의 인생에게 참으로 눈이 번쩍 뜨일 만한 놀라운 복음을 하나님은 바울 사도를 통해서 우리에게 주셨습니다.

"그런즉 누구든지 그리스도 예수 안에 있으면 새로운 피조물이라 이전 것은 지나갔으니 보라 새 것이 되었도다"

(고린도후서 5장 17절)

할렐루야! 놀랍고도 복된 소식이 아닐 수 없습니다. "우리의 과거가 어떻든지, 어떻게 살아왔든지, 어떤 사람이든지, 죄를 얼마나 많이 짓고 살았든 상관없이 그리스도 예수 안에만 있으면 누구든지 새로운 사람이 된다"는 축복의 말씀입니다. 마치 비가 쏟아지는 날 우산을 쓰고 그 안에 들어가 있으면 비를 맞지 않듯 이 죄악의 세상에 비처럼 쏟아지는 죄악의 세례에도 불구하고 우리가 예수 그리스도 안에만 머물고 있으면 우리는 죄와 상관없는 깨끗하고 눈이 부신 새로운 존재로 거듭나 새로운 인생, 새로운 삶을 살 수 있습니다. 하나님의 자녀로, 하나님 나라의 권속이 되어 빛나는 새 삶을 누리게 됩니다. 행실이 어지러워 손가락질받던 사마리아 여인도, 간음하다 현장에서 붙잡혀 돌에 맞아 죽을뻔한 여인도, 십자가상의 흉악한 강도도, 세리와 창녀도 예수님을 만나 새 사람을 입었습니다. 과거로부터 해방된 새로운 피조물로 거듭났습니다. 우리 주님, 예수님의 품은 참으로 넓고도 따뜻한, 용서와 사랑의 오지랖이십니다. 그분의 품 안에서만 구스인의 검은 피부도 눈부신 하얀 피부로 변할 수 있으며 표범의 얼룩 반점도 지워지는 기적이 일어납니다. 할렐루야!

"너희 죄가 주홍 같을지라도 눈과 같이 희어질 것이요 진홍 같이 붉을지라도 양털같이 희게 되리라"

(이사야 1장 18절)

그렇다면 우리가 어떻게 그리스도(하나님)안으로 들어갈 수 있을까요? 예수님은 다음과 같이 그 비결을 말씀하고 계십니다. "예수께서 대답 하시되 진실로 진실로 네게 이르노니 사람이 물과 성령으로(거듭)나지 아니하면 하나님 나라에 들어갈 수 없느니라 (요한복음 3장5절)

우리가 새로운 피조물로 거듭나는 유일한 길은 예수 그리스도입니다. 우리의 영혼이, 우리의 전 인격이 예수 그리스도를 만나야만 새롭게 변화되고 새 사람이 됩니다. 예수 그리스도는 우리를 구원과 영생으로 인도하는 새롭고 살아있는 길입니다. 아멘!

"예수께서 이르시되 내가 곧 길이요 진리요 생명이니 나로 말미암지 않고는 아버지께로 올 자가 없느니라"

(요한복음 14장 6절)

"진리가 예수 안에 있는 것 같이 너희가 참으로 그에게서 듣고 또한 그 안에서 가르침을 받았을진대 너희는 유혹의 욕심을 따라 썩어져 가는 구습을 따르는 옛 사람을 벗어버리고 오직 너희 심령이 새롭게 되어 하나님을 따라 의와 진리의 거룩함으로 지으심을 받은 새 사람을 입으라"

(에베소서 4장 21~24절)

산딸나무(십자가꽃)

"너희가 그 은혜에 의하여 믿음으로 말미암아 구원을 받았으니
이것은 너희에게서 난 것이 아니요 하나님의 선물이라"
(에베소서 2장 8절)

십자가의 은혜

은혜恩惠 또는 은전恩典의 사전적 의미는 절대적 주권자가 일방적으로 조건없이 베푸는 혜택입니다. 14세기1346년 영국과 프랑스 간의 백년전쟁 중에 있었던 유명한 일화입니다. 영국과 도버 해협을 사이에 두고 마주보는 프랑스의 칼레는 전략적 요충지였습니다. 이 요충지를 탈환하기 위하여 영국 국왕 에드워드 3세와 프랑스의 필립 6세간에 장장 11개월에 걸친 치열한 전투가 있었습니다. 칼레시민의 완강한 저항에도 불구하고 이듬해 영국군에게 포위당해 시민 전체가 학살당할 위기에 처하게 됩니다. 이에 칼레시민들은 영국 국왕에게 항복 문서를 전하며 선처를 호소합니다. 에드워드 3세는 그간의 어리석은 반항에 대한 책임을 물어 칼레시를 대표하는 시민 여섯 명을 넘겨주면 이들을 처형하는 대신 시민들을 용서하겠다는 포고문을 내립니다. 프랑스 내의 영국 점령지 들에게 경종을 울리기 위한 조치였습니다.

대량학살의 위기는 모면했지만, 과연 누구를 시민 대표로 뽑아 사지로 보낼 것인지를 놓고 치열한 회의와 토론이 밤새 계속됩니다. 선뜻 나서겠다는 사람이 없었기 때문입니다. 이때 칼레에서 최고의 부자 중 하나인 생 피에르^{Saint Pierre}가 자진해서 죽음을 자처하고 나섰고 이에 영향 받은 고위관료, 법률가, 상인 등 상류층 6인이 자발적으로 나서게 됩니다. 이들은 영국 측의 요구대로 머리에 두건을 쓰고 목에 밧줄을 맨 채 자루 옷을 입고 처형장으로 끌려 나오게 됩니다. 교수형이 막 집행되려는 순간에 에드워드 3세의 왕비가 왕에게 간청을 합니다. 이들을 처형하게 되면 뱃속에 임신한 왕손에게 불길한 화가 미칠 수 있으니 처형을 하지 말아달라고 애원하자 에드워드 3세는 고민에 빠지게 됩니다. 극렬한 저항에 가담한 시민들에게 이번 처형을 계기로 경종을 울려주고 다시는 저항에 가담하지 못하도록 하기 위함인데, 뱃속의 아기를 위해서 자비를 베풀어 달라는 왕비의 간청도 뿌리치기 어려웠기 때문입니다. 공의^{公義}와 용서(사랑) 가운데 어떤 선택을 할 것인가의 문제였습니다. 결국, 에드워드 3세는 왕비의 간청을 받아들여 6명의 시민대표를 사면하게 됩니다. 시민들은 환호성을 지르며 국왕 만세를 외치고 이들 시민대표는 시민들의 우상이 됩니다. 노블리스 오블리제^{Noblesse Oblige} 즉, "사회적 지도층은 누리는 지위에 걸맞게 책임도 진다"는 사회적 책임의식이 여기서 유래하게 된 것입니다.

현재까지도 회자되고 있는 칼레시의 감동적인 일화를 대하면서 제일 먼저 떠오르는 것은 2천년 전 골고다 언덕 위 예수 그리스도의 십자가 처형 장면입니다. 지은 죄에 대하여 철저히 책임을 물으시는 하나님의 공의와 허다한 죄를 덮어 주시는 하나님 아버지의 사랑이 충돌하는 가운데, 절묘한 조화와 균형의 절충점이 곧 십자가입니다. 그래서 십자가는 공의(율법)와 사랑의 동시적 완성입니다. "죄의 삯은 사망이요, 피 흘림이 없이는 죄 사함이 없다"는 율법의 엄중한 요구와, 용서와 사랑이라는 하나님 고유의 속성을 동시에 만족시키기 위한 절묘한 선택이 곧 십자가에 달린 예수 그리스도입니다. 자신의 외아들 예수를 많은 사람들의 대속물로, 속죄양으로, 십자가의 형틀에 매달리게 함으로써 율법의 저주에서 우리를 해방시키셨으며 우리를 향한 하나님의 사랑을 확증해 주셨습니다. 십자가에서 운명하시기 직전, "다 이루었다"고 말씀하셨는데 이는 사랑으로 율법을 완성하셨음을 의미합니다.

　"사랑은 이웃에게 악을 행하지 아니하나니 그러므로 사랑은 율법의 완성이니라"

(로마서 13장 10절)

　죄인 된 우리 모두는 당시의 칼레 시민들처럼 주권자의 진노

하심에 노출된 사형의 대상이었습니다. 여섯 명의 시민 대표는 주권자의 진노를 풀어주기 위한 일종의 대속 제물이었습니다. 우리의 속죄양이 되신 예수 그리스도의 모습과 흡사합니다. 사실상 죽음을 각오하고 모든 것을 다 정리하고 교수대에 오른 6인의 대표는 이미 각자의 십자가를 지고 사실상의 죽음을 맛본 속죄양이었고 왕비의 자비로운 간청으로 이들을 용서하여 살려준 에드워드 3세의 결정은 예수 그리스도를 죽음에서 살리시고 부활하게 하신 하나님의 놀라운 사랑의 손길과 흡사합니다.

우리는 골고다 언덕 위에서 십자가를 바라보며 가슴을 치고 통곡하며 죄를 자복함으로써 죄에서 용서받은 사람들입니다. 이 놀라운 은혜로 죄와 사망과 지옥 권세에서 구원을 받고, 덤으로 영생을 선물로 받아 살고 있습니다. 놀라운 은혜입니다. 은혜는 주권자에 의해, 일방적으로, 조건 없이 거저 주어지는 기적과도 같은 특혜이며 예상치 못하는 은전恩典이며 놀라운 선물입니다. 그래서 은혜는 늘 감사와 감격의 눈물을 수반합니다. 받은바 은혜에 대하여 평생 잊을 수 없는 빚쟁이가 되게 하고 자원하는 종이 되게 합니다.

예수 그리스도께서 십자가에서 흘리신 그 보혈로 인하여 우리는 주홍 같은 죄에서 씻김을 받았으며 날카로운 채찍에 맞아 살갗이 다 벗겨진 예수 그리스도의 그 가죽*으로 우리의 부끄러움이 가리움을 받았습니다. 예수와 함께 우리의 옛사람이 십자가에 못박혔으며 부활하신 주님과 함께 우리도 새사람을 입고 다시 살아났습니다. 죄에서 구원받고 사망에서 생명으로, 심판과 지옥에서 영생과 천국을 약속받았습니다. 우리 주님께서 십자가에서 고난 받음으로 우리가 구원을 받았듯이 우리도 남은 삶 가운데서 자기 십자가를 지고, 그리스도의 고난을 우리의 육체 가운데 채움으로써 이웃과 주변에 구원과 생명의 가교가 되길 소망합니다.

"내가 진실로 진실로 네게 이르노니 내 말을 듣고 또 나 보내신 이를 믿는 자는 영생을 얻었고 심판에 이르지 아니하나니 사망에서 생명으로 옮겼느니라"

(요한복음 5장 24절)

"우리가 아직 죄인 되었을 때에 그리스도께서 우리를 위하여 죽으심으로 하나님께서 우리에 대한 자기의 사랑을 확증하셨느니라"

(로마서 5장 8절)

"너희가 그 은혜에 의하여 믿음으로 말미암아 구원을 받았으니 이것은 너희에게서 난 것이 아니요 하나님의 선물이라"

(에베소서 2장 8절)

사이프러스

"좋은 소식을 전하며 평화를 공포하며
복된 좋은 소식을 가져오며 구원을 공포하며
시온을 향하여 이르기를 네 하나님이 통치하신다 하는 자의
산을 넘는 발이 어찌 그리 아름다운가"
(이사야 52장 7절)

피의 계주, 사랑의 릴레이

올림픽의 꽃은 뭐니 뭐니 해도 마라톤입니다. 고대 그리스의 아테네와 페르시아 사이의 전쟁에서 아테네가 승리하자 이 승리의 기쁜 소식을 왕에게 전하기 위해, 한 아테네 병사가 쉬지 않고 42.195km를 달려 승전보를 전하고 죽은 데서 유래한 육상 스포츠입니다. 마라톤은 거리나 소요되는 시간상 주자에게 많은 부담을 주기 때문에 이 부담을 줄여 주고자 나온 아이디어가 이어달리기입니다. 올림픽에서는 400미터, 800미터, 1,600미터 계주가 보편화 되어 있고 보통 4명의 주자가 한 조가 되어 차례로 바통을 주고받으며 달리기 때문에 서로 간에 호흡과 보조를 맞추는 일이 아주 중요합니다.

복음 전도는 마라톤과 계주의 두 가지 속성을 다 가지고 있습니다. 예수 그리스도께서 2000년 전 골고다 언덕에서 십자가에 피 흘려 돌아가시고 장사한 지 사흘 만에 죽음을 이기고 부활하심으로써 마귀와의 영적 전쟁에서 승리하셨습니다. 또 이 사실을 마음으로 믿는 자에게 구원과 영생을 선물로 주셨습니다. 이 기쁨의 승전보가 곧 복음이며 이 사실을 전하는 것이 곧 전도입니다. 이 점에서 복음 전도는 마라톤과 흡사하며, 시대별로 하나님께서 주자들을 세우시고 이들의 바통터치를 통해서 복음이 한 세대에서 다음 세대로 또 다음 세대로 이어져 전해지는 점에서는 이어달리기와 유사합니다. 이 귀한 복음이 사도들과 각 시대별로 믿음의 선배들의 힘겨운 계주를 통하여, 그 피 묻은 바통이 우리들의 손에 전해진 것입니다.

이 피 묻은 복음이 우리에게 전해지기까지 예수 그리스도, 사도들, 믿음의 선배들의 참담한 희생과 고난이 밑거름이 되었습니다. 그래서 복음은 피를 먹고 자라는 순교의 나무이고 복음의 열매는 피의 열매인 것입니다. 그리스 마테오라의 메갈롯데오라 수도원의 천정 벽화에는 복음을 위해 순교한 사도들과 믿음의 선배들의 참담한 희생 장면이 생생하게 그려져 있어 보는 이를 전율케 합니다. 우리에게 전해진 복음은 화평의 복음이지만 동시에 그 화평을 위해서 처절한 피의 대가가 지불된 피의 복음인 것입니다. 초대교회와 달리 지금은 복음을 위해 육신의 목숨을 걸고 순교하는 일이 드물지만, 복음을 위해 우리들이 목숨처럼 소중히 여기는 금전적 희생과 시간적 헌신이 수반된다는 점에서 순교의 여정은 지속되고 있습니다.

이 고귀하고 아름다운 복음의 계주가 나에게서 멈추지 않도록, 복음에 빚진 자로서 전해 받은 복음의 바통을 쥐고 힘차게 달려 다음의 주자에게 안전하고 확실하게 전해 줄 책임과 사명이 구원받은 우리에게 있습니다. 복음의 은혜와 열정에 사로잡혀 우리의 남은 인생 마무리한다면 얼마나 아름답고 복된 순례자의 삶일까요!

"좋은 소식을 전하며 평화를 공포하며 복된 좋은 소식을 가져오며 구원을 공포하며 시온을 향하여 이르기를 네 하나님이 통치하신다 하는 자의 산을 넘는 발이 어찌 그리 아름다운가"

(이사야 52장 7절)

"… 내가 복음을 전할지라도 자랑할 것이 없음은 내가 부득불 할 일임이라 만일 복음을 전하지 아니하면 내게 화가 있을 것이로다"

(고린도전서 9장 16절)

"또 어떤 이들은 조롱과 채찍질뿐 아니라 결박과 옥에 갇히는 시련도 받았으며 돌로 치는 것과 톱으로 켜는 것과 시험과 칼로 죽임을 당하고 양과 염소의 가죽을 입고 유리하여 궁핍과 환난과 학대를 받았으니 (이런 사람은 세상이 감당하지 못하느니라) 그들이 광야와 산과 동굴과 토굴에 유리하였느니라"

(히브리서11장 36절~38절)

"내가 달려갈 길과 주 예수께 받은 사명 곧 하나님의 은혜의 복음을 증언하는 일을 마치려 함에는 나의 생명조차 조금도 귀한 것으로 여기지 아니하노라"

(사도행전 20장 24절)

"복음은 피를 먹고 자라는 순교의 나무이고
복음의 열매는 피의 열매인 것입니다"
('은혜의 바다로' 본문中)

나의 나 된 것은 다 하나님의 은혜라

해마다 4월이 되면 고난주간에 이어 부활절 예배를 드리곤 합니다. "예수께서 십자가에서 고난 당하시고 장사한지 3일 만에 부활해서 하늘에 오르사 전능하신 하나님 우편에 앉아 계시다가…"사도신경을 줄줄 외워도 정작 내 안에 십자가의 진리가 깨달아지지 않으면 헛일입니다. 청년기의 제 삶이 그랬습니다. "예수가 내 죄를 위하여 십자가에서 모진 고난을 당하고 죽었다는데 도대체 왜 그랬을까? 꼭 그렇게 해야만 했을까?" 머릿속에 의문이 꼬리를 물고 이어졌습니다. 젊은 시절 십자가 사건은 제게 늘 감동을 수반하지 않는 객관적 신화에 불과했습니다. "이런 허무맹랑한 사실을 믿으라고? 도무지 믿어지지도 않는데 억지로 믿으라고?" 대학교 1학년 여름방학에 지인의 권유로 마지못해 여름 성경학교^{Bible Camp}에 참석하여 뙤약볕 아래서 억지로 주리를 틀며 난생 처음으로 복음의 메시지를 듣게 되었지만 마음속에는 회의와 의문이 꼬리를 물고 이어졌습니다. 오히려 머

66

릿속만 더 복잡해지고 온갖 죄에 대한 이야기만 잔뜩 듣다 보니 마음만 괴롭고 답답한 여름이 되고 말았습니다. "왜 편하게 잘 지내는 사람 불러서 마음만 혼란스럽게 만들었나?" 하는 원망도 마음 한구석에 일게 되었습니다.

그로부터 제가 복음을 온전히 깨닫고 예수를 나의 구원자로, 그리스도로 영접하기까지 자그마치 6년의 세월이 흘렀습니다. 1986년 8월 어느 날 성경을 읽다가 이사야 53장 5~6절 말씀에 제 눈이 고정되었습니다. 그간 수없이 읽고 읽었던 구절인데 그 의미가 마음에 와닿지 않았었습니다. 그러나 그 순간 마치 처음 읽는 구절처럼 다가왔고 저는 제 눈을 의심하며 읽어 내려갔습니다.

"그가 찔림은 우리의 허물을 위함이요 그가 상함은 우리의 죄악을 인함이라 그가 징계를 받음으로 우리가 평화를 누리고 그가 채찍에 맞음으로 우리가 나음을 입었도다 우리는 다 양 같아서 그릇 행하여 각기 제 길로 갔거늘 여호와께서는 우리 무리의 죄악을 그에게 담당시키셨도다"

(이사야 53장 5~6절)

할렐루야! 순간 제 가슴이 쿵쾅거리기 시작했습니다. 귓속이

멍해지며 이명이 울리는 듯 했습니다. 그간 제 가슴을 무겁게 짓누르고 가위눌림 하던 무거운 죄 덩어리가 떨어져 나가는 것을 느꼈습니다. "주님 감사합니다! 감사합니다! 내 죄 때문에 십자가에서 그 모진 고난을 당하시고 피 흘려 돌아가신 주님! 죄송하고 감사합니다! 예수 그리스도께서 내 죄를 대신하여 처절한 대가를 치르셨다는 사실이 마음에 깨달아지며 그 분이 겪으신 그 고통, 그 아픔에 가슴이 저며 왔습니다. 나같이 보잘것없고 하찮은 인생을 그렇게까지 사랑하신 하나님 아버지의 놀라운 사랑과 그렇게까지 자신을 버려 희생하신 예수 그리스도의 한량없는 은혜 앞에 꿇어 엎드릴 수밖에 없었습니다. 연신 '하나님 감사합니다'를 연발할 수 밖에 없었습니다. 지금도 제가 예수 그리스도를 영접하고 새사람이 된 그 순간을 떠올리면 가슴이 벅차오릅니다.

아버지를 일찍 여읜 그 빈자리를 나의 강인함으로 대신 채워보고자 무던히도 자신을 채근하며 몸부림쳐온 사춘기, 오춘기 시절의 완악함과 아집, 교만, 헛된 이론이, 주님께서 친히 내 죄를 대신하여 매달린 십자가 앞에서 다 무너져 내렸습니다. 그간 마음으로, 행동으로 지어왔던 주홍 같은 죄악들, 내 영혼을 끊임없이 가위눌림해온 그 무거운 죄책감과 죄짐에서 해방되어 내 심령이 참으로 자유와 평안을 누리게 되었습니다. 지금 당장 죽어도 천국에

들어가 주님의 품에 안길 수 있다는 확신을 갖게 되었습니다. 평생 제가 받은 가장 값지고 고귀한 선물이 아닐 수 없습니다.

그동안 내면의 어두움에 갇혀 주위를 돌아볼 여유조차 없었는데 눈을 들어 주변을 보니 초목이, 그 빛나는 신록이 그렇게 눈부시고 아름다울 수 없었습니다. 집 주위 산에서 들리는 새 소리조차도 저를 축복하고 있었습니다. 정말 꿈 같은 나날이 아닐 수 없었습니다. 그렇게도 난해하고 어렵게만 느껴졌던 성경 말씀이 줄줄 읽히기 시작했습니다. 모든 말씀이 꿈틀꿈틀 살아서 움직이고 모두 나와 관련된 말씀으로 다가왔습니다. 말씀이 꿀 송이 같이 달고 달았습니다. 성경을 읽다 끼니를 거르고도 배고픈 줄 몰랐습니다. 내 안에 이루어진 이 놀라운 사실을 가족, 친지, 이웃들에게 전하고 싶어 안달이 날 지경이었습니다. 복음을 깨닫지 못하고 사는 이웃을 보면 안타깝고 가여운 마음이 솟아 나왔습니다. 누가 마이크 하나 쥐어주면 무대에 뛰어올라 이 놀랍고 엄청난 복음을 간증하고 싶었습니다. 그리고 나와 같은 거듭난 생명이 모이는 곳이라면 어디든지 달려가 교제하고 싶은 끌림, 마치 쇳가루가 자석에 끌리듯 그러한 힘에 이끌려 살았습니다. 올해로 제가 거듭난 지 만 31년이 되어갑니다만 제가 주님께 받은 처음 복음, 그 첫사랑의 감격은 너무도 생생하게 제 마음속에 깊은 감동으로 살아 꿈틀거리고 있습니다.

구원받은 이후 광야 같은 삶에서 실족하고 넘어지고 상처받고 원망하면서 주님의 마음을 아프게 하고, 주님의 속을 썩여드렸지만 우리 주님은 한결같은 사랑으로 인내로 저를 기다려 주시고 품어 주셨습니다. 제게 첫 사랑의 감격을 안겨주신 그 마음 그대로, 그 눈빛 그대로 저를 긍휼히 여기시고 무던히도 참아 기다려 주셨습니다. 지천명의 나이에 제가 영적으로 철이 나고 아버지의 마음을 조금이나마 헤아리게 되며 그간의 불효, 회개하는 심정으로 "어떻게 하면 아버지를 조금이라도 기쁘시게 할까, 어떻게 하면 내 아버지께서 좋아하시고 흡족해하실까, 어떤 상황을 만나면, 이 상황에서 아버지께서는 어떻게 생각하시고 무엇을 원하고 계실까"를 먼저 헤아려볼 줄 아는 귀한 마음 주신 것도 전적으로 하나님 아버지의 은혜이고 사랑입니다. 못나고, 못되고, 모자라고, 어리석고, 고집불통인 나를 이렇게나마 변화시켜 주시고 새롭게 일으켜 세워주신 것, 나의 나 된 것은 다 하나님의 은혜입니다. 할렐루야!

　　"이 복음을 위하여 그의 능력이 역사하시는 대로 내게 주신 하나님의 은혜의 선물을 따라 내가 일꾼이 되었노라"

(에베소서 3장 7절)

　　"내가 그리스도와 함께 십자가에 못 박혔나니 그런즉 이제는

내가 사는 것이 아니요 오직 내 안에 그리스도께서 사시는 것이라
이제 내가 육체 가운데 사는 것은 나를 사랑하사 나를 위하여 자기
자신을 버리신 하나님의 아들을 믿는 믿음 안에서 사는 것이라"

(갈라디아서 2장 20절)

하나님의 은혜

"나를 지으신 이가 하나님 나를 부르신 이가 하나님
나를 보내신 이도 하나님
나의 나 된 것은 다 하나님 은혜라 나의 달려갈 길 다가도록
나의 마지막 호흡 다하도록
나로 그 십자가 품게 하시니 나의 나 된 것은 다 하나님 은혜라
한량없는 은혜 갚을 길 없는 은혜
내 삶을 에워싸는 하나님의 은혜
나 주저함 없이 그 땅을 밟음도 나를 붙드시는 하나님의 은혜"

나팔꽃

"고난 당하기 전에는 내가 그릇 행하였더니 이제는 주의 말씀을 지키나이다.
고난 당한 것이 내게 유익이라 이로 말미암아
내가 주의 율례들을 배우게 되었나이다."
(시편119편 67절, 71절)

브니엘의 새벽

매일 누구에게나 찾아오는 똑같은 밤이지만 어떤 사람에게, 어떤 밤은 아주 특별한 의미를 지닐 수 있습니다. 삶이 송두리째 바뀌고 인생의 궤도가 달라지는 그러한 위대한 밤이 되기도 합니다.

창세기 32장, 얍복^{Jabbok}강 나루터에서 야곱이 맞이한 칠흑 같은 깜깜한 밤이 여기에 해당합니다. 평생을 자기의 잔꾀와 고집대로 살면서 갖은 고난 가운데 세속적인 성공을 거둔 야곱이지만 형 에서와의 대면을 앞두고 깊은 근심에 빠집니다. 어머니와 공모하여 아버지를 속이고 형의 장자의 명분을 가로채 멀리 외삼촌의 집으로 도망하여 20년을 열심히 노력한 끝에 제법 큰 재물을 얻고 고향으로 돌아가는데, 분노로 절치부심하고 있을 형 '에서'의 얼굴을 떠올리니 그만 겁부터 납니다. 그래서 가축과 가솔들을 여러 떼로 나누어 먼저 얍복강을 건너보내고 자신은 강 이편에 홀로 남아 밤을 지새우게 됩니다.

그 밤 야곱은 비로소 자신의 존재의 본질과 고독한 대면을 하게 됩니다. 이때 하나님의 사자가 야곱에게 싸움을 걸어옵니다. 하나님을 의지하기보다는 자신의 알량한 능력과 재주를 믿고 방자하게 살아온 야곱을 비로소 하나님께서 다루기 시작한 것입니다. 밤새 완강히 저항하는 야곱의 환도뼈를 하나님께서 치심으로 야곱이 땅에 나뒹굴며 드디어 싸움이 끝이 납니다. 여기서 환도뼈는 야곱의 삶을 지탱해온 그의 아집과 꾀와 탐욕과 교만입니다. 하나님께서 이를 치심으로 그가 땅에 주저앉게 되자 그는 비로소 자신의 실체가 얼마나 나약하고 보잘것없는지를 깨닫게 됩니다. 그리고 하나님의 사자를 붙들고 매달립니다. "하나님 없이는 더 이상 살 수 없노라고… 하나님만을 의지하며 살겠노라"고 애원합니다.

하나님은 야곱에게 "네 이름이 무엇이냐?"고 물어 오십니다. '야곱^{Jacob}'이라는 이름은 히브리어로 '발뒤꿈치를 붙드는 자, 가로채는 자, 약탈자'를 뜻합니다. 야곱의 실체를 정확히 보여주는 이름입니다. 야곱에게 "너의 실체를 똑똑히 보아라. 너는 약탈자로 살아오지 않았느냐? 그렇게 살아온 네 삶에 과연 평안이 있었느냐? 고난의 삶이 아니었느냐!"는 일깨움입니다. "이제부터는 네 이름을 야곱이라 하지 않고 이스라엘이라 하리라"고 하나님은 야곱에게 새 이름을 지어 주시며 그를 축복하셨습니다. '이스라엘'은 히브리어로 '하나님의 통치'를 의미합니다. 자기

스스로 우상이 되고, 주인이 되어 살아온 삶에서 이제부터는 하나님이 다스리는, 하나님의 통치를 받는 축복된 삶으로 다시 태어나게 됩니다.

야곱은 자신이 하나님을 대면하여 새 삶을 얻은 얍복 나루터를 '브니엘'(하나님의 얼굴)이라 불렀습니다. 비록 하나님의 다루심으로 환도 뼈가 어긋나 평생 다리를 절게 되었지만 그 새벽, 야곱이 다리를 절름거리며 '브니엘'을 지날 때 해가 돋은 것처럼 그의 삶과 신앙에도 어두운 밤이 끝나고 찬란한 새벽이 밝아온 것입니다. 얍복강 나루터에서 야곱이 마주했던 그 칠흑 같은 밤이 우리의 삶을 에워싸고, 야곱을 불시에 엄습했던 하나님의 손길이 우리를 다루고 계실지라도 좌절하거나 두려워하지 말아야 할 이유가 여기에 있습니다. 야곱이 간절하고 처절하게 하나님을 붙들고 매달려 '이스라엘'이라는 승리의 이름을 얻었듯이 우리 각자가 직면한 저마다의 얍복 나루터에서도 동일한 영적 승리의 나팔 소리가 울려 퍼지길 축원합니다. 할렐루야!

"그가 이르되 네 이름을 다시는 야곱이라 부를 것이 아니요 이스라엘이라 부를 것이니 이는 네가 하나님과 및 사람들과 겨루어 이겼음이니라…그러므로 야곱이 그 곳 이름을 브니엘이라 하였으니 그가 이르기를 내가 하나님과 대면하여 보았으나 내 생명이 보전되었다 함이더라. 그가 브니엘을 지날 때에 해가 돋았고 그의 허

벅다리로 말미암아 절었더라."

(창세기 32장 28~31절)

"고난 당하기 전에는 내가 그릇 행하였더니 이제는 주의 말씀을 지키나이다. 고난 당한 것이 내게 유익이라 이로 말미암아 내가 주의 율례들을 배우게 되었나이다."

(시편 119편 67절, 71절)

"여호와께서 자기 백성의 상처를 싸매시며 그들의 맞은 자리를 고치시는 날에는 달빛은 햇빛 같겠고 햇빛은 일곱 배가 되어 일곱 날의 빛과 같으리라."

(이사야 30장 26절)

은방울 꽃

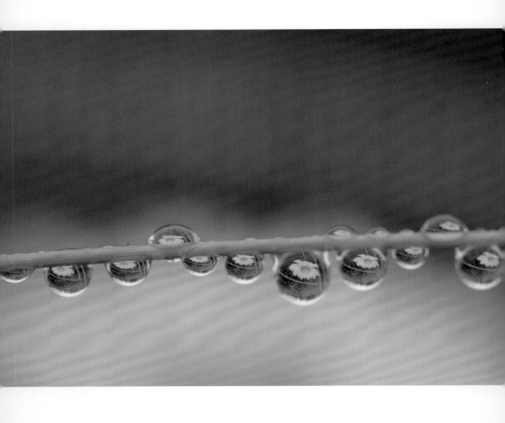

"우리가 알거니와 하나님을 사랑하는 자
곧 그의 뜻대로 부르심을 입은 자들에게는
모든 것이 합력하여 선을 이루느니라"
(로마서 8장 28절)

우연이 아니고 섭리(攝理)입니다

호레이쇼 스패포드^{Horatio Spafford}는 19세기 중반, 미국 시카고에서 성공한 변호사였고 동시에 시카고 의과대학의 법의학 교수로 많은 부와 명예를 누리던 장로교 신자였습니다. 슬하에 딸 넷, 아들 하나를 둔 유복한 가정을 꾸리고 있었습니다. 무엇 하나 부러울 것 없던 스패포드에게 상상할 수 없던 고난이 찾아오게 됩니다. 외아들을 성홍렬로 잃게 된 직후 설상가상으로 1871년 '시카고 대화재'로 그의 호화로운 저택이 전소되고 많은 재산을 잃었습니다. 이 충격으로 그의 아내도 병을 얻게 됩니다. 그로부터 2년 뒤 아내의 건강을 위해 온 가족이 유럽에서 휴가를 갖기로 하고 우선 네 딸과 아내를 먼저 여객선에 태워 프랑스로 보냅니다. 스패포드 자신은 시카고 대화재로 불에 탄 교회의 재건축 문제 등으로 합류하지 못하고 우선 가족들만 먼저 배에 태워 보낸 것입니다.

뉴욕항을 떠난 지 일주일 만에 온 가족을 태운 여객선이 대서양에서 영국의 철갑선과 정면충돌하여 승객 226명을 태운 채 차가운 바닷속으로 침몰합니다. 간신히 그의 아내만 살아남아 그에게 이 소식을 전보로 알려왔습니다. 단숨에 사고 현장으로 달려간 스패포드는 하나님 앞에 절규하며 울부짖습니다. "하나님, 도대체 왜 제게 이런 시련을 주십니까? 도대체 왜!" 밤새워 울부짖는 중에 성령 하나님께서 스패포드의 흐느끼는 어깨를 꼬옥 감싸줍니다. 그의 심령에 형언할 수 없는 빛 비춤과 함께 놀라운 평안이 찾아와 그를 감싸 안는 것이었습니다. 그는 펜을 꺼내어 그의 심정을 한 편의 시로 써내려 갑니다. 그의 감동적인 시에, 절친한 친구였던 블리스^{Bliss}가 곡을 붙여 탄생한 찬송이 그 유명한 '내 평생 가는 길 순탄 하여'입니다.

> "내평생 가는 길 순탄하여 늘 잔잔한 강 같든지
> 큰 풍파로 무섭고 어렵든지 나의 영혼은 늘 편하다
> 내 영혼 평안해, 내 영혼 내 영혼 평안해!"
> (새 찬송가 413장)

병으로 아들을 잃자마자 화재로 애지중지하던 저택과 재산을 잃고 그 휴유증으로 아내가 병상에 눕고, 그 아내를 요양 시키기 위하여 프랑스 여행을 떠나던 중에 여객선이 침몰하여 사랑하는 네 딸마저 잃어버린 스패포드 변호사! 마치 시리즈처럼,

패키지로 몰려든 재앙으로 가장 소중히 여기던 모든 것을 잃어 버린 절망과 슬픔 가운데 망연자실하며 하나님 앞에 "대체 왜?" 냐고 울부짖고 따지고도 싶었을 것입니다. 구약성경 욥기에 나오는 욥의 고난을 떠올리게 됩니다. 홀연히 연거푸 닥치는 재앙으로 자녀들과 재산을 다 잃고 그 자신마저 온몸에 종기가 난 채 잿더미 위에서 기왓장으로 가려움을 긁고 있는 욥의 환난을 생각해 봅니다. 그의 아내로부터 "이런 하나님이라면 차라리 그를 저주하고 죽으라"라고 조롱받던 욥의 가련한 처지가 어떠했을까요!

우리는 간혹 하나님을 섬기는 가정들이, 또 독실한 믿음의 사람들조차, 전혀 이해할 수 없는 사건, 사고에 휩쓸려 고난을 당하는 경우를 목격합니다. 이때 제일 먼저 떠올리는 것은 혹시 숨겨진 죄 때문이 아닐까 하는 얕은 의심입니다. 이웃의 환난에 대하여 동정하고 연민하기에 앞서 자칫 정죄하고 판단하는 죄를 범하는 것입니다. 그러나 "하나님의 생각은 우리의 생각과 다르시고 우리 생각보다 높으시다"(이사야 55장 8~9절)는 말씀을 잊지 말아야 합니다. 욥과 스패포드 본인에게는 감당하기 힘든 시련이고 아픔이었겠지만 하나님께서는 이 고난들을 통해서 하나님의 선善과 의義를 이루어 가십니다. 예수 그리스도의 십자가 고난이 예수 본인에게는 크나큰 고통을 수반했지만 이를 통해 인류 구원이라는 큰 역사를 이루셨습니다. 고난은 결코 하나님께 버림받은 결과가 아니며 하나님의 고귀하신 뜻을 이루는 섭리攝理임을 알아야 합니다. 욥이 환난을 겪으며 친구들과의 수많은 언쟁과 변론 끝에 얻은 보석과도 같은 결론은 '하나님의 절대 주권에 대한 전적인 신뢰'입니다. '하나님의 선하시고 의로우심'에 대한 전적인 믿음입니다.

"내가 주께 대하여 귀로 듣기만 하였사오나 이제는 눈으로 주를 뵈옵나이다 그러므로 내가 스스로 거두어들이고 티끌과 재 가운데서 회개하나이다"

(욥기 42장 5~6절)

감당하기 어려운 고난을 통과하며 하나님의 절대적인 주권에 대하여 '아멘'하며 수용하는 사람이 되었고 이런저런 불평과 원망과 시비를 다 거두어들이고, 결국 죽어서 한 줌의 티끌로, 재로 돌아가는 자신의 실존에 대하여 깊이 자각함으로써 그간의 교만에 대하여 회개하게 됩니다. 크고 높고 위대하시고 전지전능하신 하나님 앞에 무릎 꿇고 그 분의 뜻과 섭리에 경외를 표합니다. 하나님께서는 고난을 통해 욥의 믿음을 연단하신 후 그에게 처음보다 두 배나 더 많은 가축과 자녀로 축복하셨습니다.

절망의 나락에서 스패포드를 따뜻하게 품어 주시고 위로 하시고 그 마음에 감당할 수 없는 평안을 주심으로 고난에 처한 많은 사람에게 평안의 위로와 기쁨을 선사하는 불후의 찬송시를 쓰게 해주신 하나님의 놀라우신 섭리에 경외와 찬양을 올립니다.

　　"그러나 내가 가는 길을 그가 아시나니 그가 나를 단련하신 후에는 내가 순금 같이 되어 나오리라"

(욥기 23장 10절)

　　"보옵소서 내게 큰 고통을 더하신 것은 내게 평안을 주려 하심이라 주께서 내 영혼을 사랑하사 멸망의 구덩이에서 건지셨고 내 모든 죄를 주의 등 뒤에 던지셨나이다"

(이사야 38장 17절)

　　"우리가 알거니와 하나님을 사랑하는 자 곧 그의 뜻대로 부르심을 입은 자들에게는 모든 것이 합력하여 선을 이루느니라"

(로마서 8장 28절)

낮은 데로 임하소서

1980년대 안요한 목사의 일대기를 다루어, 많은 이들에게 깊은 감동과 도전을 준 영화의 제목입니다. 저는 지금도 그 영화의 마지막 대사를 떠올리며 큰 은혜와 감동을 받습니다. "주여, 내 육신의 눈을 멀게 하시고 내 영혼의 눈을 뜨게 해주서 감사합니다" 참으로 역설적인 신앙 고백이며 심금을 울리는 간증입니다. 육신의 시력을 잃어버린 깜깜한 절망의 한 복판에서 주인공(이영호)은 하늘의 강렬한 음성과 빛을 경험합니다. 마치 사도 바울이 다메섹 도상에서 예수 그리스도를 만났듯이 특별한 계시의 은혜를 받게 됩니다.

우리는 종종 삶의 굴곡을 크게 겪다가 주님을 영접한 분들의 귀한 간증을 듣게 됩니다. 평범한 삶에서는 결코 나올 수 없는 격한 감동과 진한 은혜를 공유하게 됩니다. 깜깜한 밤에는 조그만 빛 줄기도 강렬한 광선이 되듯 우리가 겪고 있는 어두움이 깊을수록 하나님의 생명의 빛은 더욱 찬란한 밝기로 임하게 됩니다. 안과 밖의 기압 차이를 통해서 진공청소기가 먼지를 흡입하듯이 우리의 내면이 비워지면 질수록, 갈급하면 할수록 하나님의 은혜는 더욱 강렬하고 크게 우리의 내면으로 흡입되어 들어옵니다. 물은 높은 데서 낮은 곳으로 흐르는 속성을 가집니다. 높낮이가 클수록, 경사가 급할수록 쏟아지는 위력이 커지듯 우리가 겸손하면 할수록, 낮아지면 낮아질수록 하나님의 은혜는 더욱 크게 우리를 향해 쇄도합니다. 골프에서 어깨에 힘을 빼야 공에 파워가 전달되듯 우리 신앙생활에도 나의 주장과 고집의 힘이 빠져 겸손하고 온유해질 때 비로소 하나님의 온전하신 능력과 힘이 내 삶을 통해 나타나게 됩니다.

어려운 고비마다 하나님 앞에 온몸을 바닥에 엎드려 간절히 기도함으로써 기적과 같은 응답을 받았던 모세의 겸손함이 떠오릅니다. "이 사람 모세는 온유함이 지면의 모든 사람보다 더하더라"(민수기 12장 3절)는 하나님의 칭찬에 걸맞게 하나님께서는 모세를 통해 자신의 크신 능력과 영광을 나타내셨습니다.

간절한 어두움으로, 진공 같은 비움으로, 바닥 같은 낮음으로, 움켜쥔 자아를 다 내려놓는 온유함으로 밀물처럼 몰려오는 하나님의 은혜와 능력의 홍수를 경험 하시길 축원합니다!

제비꽃 씨앗

"하나님께 우리의 삶을 축복해달라고 매달리지 말고
이미 쏟아 부어주신 영육간의 축복을 우리가 찾아 누릴 수 있도록,
우리로 하여금 영육간에 합당한 그릇이 되게 해달라고 기도해야 합니다."
(은혜의 바다로 본문 中)

은혜와 복을 담는 그릇

　사람의 도량이나 인품을 종종 그릇에 비유하곤 합니다. 여기서 그릇은 사람의 성품, 성향, 기질, 능력 등 인성을 의미합니다. "그릇이 크다", "그릇이 작다"는 표현이 여기에 해당합니다. 성경에서 말하는 그릇은 여기에 더하여 그 사람의 영혼의 상태 즉 영성靈性까지 포함합니다. 하나님에 대한 경외심, 코람데오Coram Deo 하는 진실됨, 하나님의 눈으로, 마음으로 주변을 돌아보는 따뜻한 사랑의 마음, 충성된 청지기로서의 신실함, 경건의 모양과 능력, 영적 비전과 소명, 연단되고 정제된 믿음 등을 헤아려 사람의 그릇을 평가합니다. 요셉과 모세, 다니엘과 다윗을 귀한 그릇으로 세우시고 쓰신 일화가 대표적입니다. 성경에서는 우리의 영혼과 은혜의 복음을 담는 그릇을 우리의 육신으로 표현합니다. "우리가 이 보배를 질그릇에 가졌으니 이는 심히 큰 능력은 하나님께 있고 우리에게 있지 아니함을 알게 하려 함이라"(고린도후서 4장 7절)

우리는 종종 하나님께 축복을 구합니다. 내 가정과 내 일터가 잘되게 해달라고 매달리는 기도를 자주 하는데, 하나님은 이미 예수 그리스도 안에 놀라운 축복을 예비해 주셨고 우리 모두에게 차별 없이 쏟아부어 주고 계십니다. 하나님은 해와 비를 악인과 선인에게 고루 차별없이 내려주십니다. 문제는 하나님이 공급하시는 이 놀라운 축복을 대하는 우리의 태도와 자세, 곧 우리 그릇의 됨됨이에 있습니다. 아무리 은혜와 축복의 단비를 쏟아 부어 주셔도 그것을 받을 그릇이 준비되어 있지 않으면 헛일입니다. 또 그릇은 준비되어 있지만 그 그릇을 하늘을 향해 놓지 않고 땅으로 엎어 놓으면 복을 누릴 수 없습니다. 설사 그릇을 하늘을 향해 놓았다 하더라도 그릇이 깨져 복이 줄줄 새면 이 또한 허사입니다. 성한 그릇이라 할지라도 그 그릇이 오물에 찌들고 더럽혀져 있으면 온전한 축복을 누릴 수 없습니다.

하나님께서 찬란한 태양을 비춰 주셔도 햇빛을 등지거나 피하여 어두운 그늘로 숨게 되면 그 빛이 내 어두운 삶을 환하게 비출 수 없습니다. 또 창문에 두꺼운 커튼을 둘러치면 태양을 통해 역사하는 생명의 에너지를 누릴 수 없습니다. 우리의 영혼이 하나님의 영으로, 그리스도의 영으로 거듭나야만 하나님 쓰시기에 깨끗한 그릇이 되고, 하나님을 경외하고 말씀에 순종하며 성령 충만한 삶을 살 때 비로소 하나님 보시기에 합당한 그릇이 됩니다. 하나님 보시기에 선하고 아름다운 그릇에는 반드시 하나님의 은혜와 축복이 가득 담기도록 섭리해 주십니다. 이처럼 영육 간의 신령한 복이 내 그릇(삶)에 가득 차고 넘쳐 주변으로, 이웃으로 흐르는 상태가 바로 은혜의 통로, 축복의 통로가 되는 삶이며, 생수의 강으로 넘치는 삶이 됩니다.

하나님께 우리의 삶을 축복해달라고 매달리지 말고 이미 쏟아 부어주신 축복을 찾아 누릴 수 있도록, 우리로 하여금 영육 간에 합당한 그릇이 되게 해달라고 기도해야 합니다.

"큰 집에는 금 그릇과 은 그릇뿐 아니라 나무 그릇과 질그릇도 있어 귀하게 쓰는 것도 있고 천하게 쓰는 것도 있나니 그러므로 누구든지 이런 것에서 자기를 깨끗하게 하면 귀히 쓰는 그릇이 되어 거룩하고 주인의 쓰심에 합당하며 모든 선한 일에 준비함이 되리라"

(디모데후서 2장 20~21절)

보리이삭

"예수께서 이르시되 나의 양식은 나를 보내신 이의 뜻을 행하며
그의 일을 온전히 이루는 이것이니라"
(요한복음 4장 34절)

하늘에 속한 양식

"육체의 생명은 피에 있다"는 성경 말씀을 접하면서 동시에 떠오르는 생각은 육체의 생명을 유지시켜 주는 것은 양식이라는 사실입니다. 신구약 성경에 양식이라는 단어가 120번 가까이 나오는데 그만큼 예나 지금이나 먹고 사는 문제가 중요함을 의미합니다. 요한복음 4장에는 양식에 관해 상반되고 전혀 차원이 다른 두 가지 해석이 소개되고 있습니다. 예수께서 사마리아에 이르러 우물가의 여인에게 복음을 전하고 이 여인으로 말미암아 많은 사마리아 사람들이 예수를 메시아, 그리스도로 믿고 받아들이는 놀라운 역사가 일어납니다. 공교롭게도 제자들이 음식을 사러 밖에 나가 있는 사이에 일어난 일입니다. 제자들이 음식을 구해서 예수께 드리며 잡수실 것을 권하지만 예수께서는 "내게는 너희가 알지 못하는 먹을 양식이 있다… 나의 양식은 나를 보내신 이의 뜻을 행하며 그의 일을 온전히 이루는 이것이니라"(요한복음 4장 32절~34절)라고 하십니다. 제자들은 육신의 배고픔을 채워줄 양식을 구하는 데 여념이 없었지만 우리 주님은 이웃들의 영적인 배고픔, 영적인 갈급함을 채워줄 영혼의 양식을 간절히 사모하고 계십니다.

인간의 범죄 이전에는 하나님의 뜻이, 그가 만드신 모든 피조물 가운데 충만하게 임재하고 또 온전히 이루어지고 있었지만 아담의 범죄로 타락한 이후에는 피조물 가운데 죄와 불순종의 영이 역사하고 그들을 지배하고 있습니다. 주님께서는 본인이 온전하고 완벽하게 행사하셨던 영적인 통치와 지배권이 훼손되고 상실된 것과 또 이로 인하여 인간이 겪고 있는 영육 간의 참담한 고난과 고통에 대하여 늘 안타까워하시고 가슴 아파하고 계십니다. 이 '빼앗긴 영토'를 되찾고 수복하시고자 늘 영적으로 주리시고 갈급해 하십니다. 정오가 훨씬 지나 점심을 거르셨음에도 사마리아 여인의 영적 회심을 보시고 영적인 배부름과 기쁨으로 충만하셨습니다. 제자들이 도무지 이해할 수 없고 함께 누리지도 못하는 영적인 포만감입니다. 이어서 육신적인 것에만 관심이 있고 영적인 세계에 대하여 눈이 감겨있는 제자들에게 말씀하십니다.

"너희는 넉 달이 지나야 추수할 때가 이르겠다 하지 아니하느냐 그러나 나는 너희에게 이르노니 너희 눈을 들어 밭을 보라 희어

저 추수하게 되었도다"

(요한복음 4장 35절)

즉 제자들은 아직 추수철이 많이 남아 양식 구하기가 어렵다고 푸념하는데 예수께서는 그들에게 "땅에 속한 육신적인 것에만 집착하는 눈을 들어서 하늘에 속한 영적인 눈으로 주변을 바라보라. 그리하면 온 천지가, 온 들판이 다 무르익어 영적인 추수, 곧 구원을 기다리고 있다"고 말씀하고 계십니다.

우리의 일상 가운데서도 자칫 땅에 속하고 육신에 속한 양식만을 구하며 고군분투하기 쉽습니다. 그러나 주님은 우리에게 땅만 바라보는 육신의 눈을 들어서 하늘의 신령한 세계와 그 신령한 양식을 사모하라고 말씀하십니다. 거듭난 크리스천으로서, 주님의 제자로서, 주님께서 친히 맡겨주신 전도와 구제의 영적 소명과 사명에 눈을 뜰 것을 주문하고 계십니다. 이렇게 하나님의 나라와 그의 의를 먼저 구하는 자에게는 육신에 속한 필요와 요구도 풍성히 채우시겠다고 약속하십니다. 구령의 열정으로 늘 배고파하시고 갈급해 하시던 우리 주님의 마음으로, 주님의 눈으로 주변과 이웃을 돌아보고 행동하는 믿음을 갖게 해주소서!

"그러므로 염려하여 이르기를 무엇을 먹을까 무엇을 마실까 무엇을 입을까 하지 말라 이는 다 이방인들이 구하는 것이라 너희 하늘 아버지께서 이 모든 것이 너희에게 있어야 할 줄 아시느니라 그런즉 너희는 먼저 그의 나라와 그의 의를 구하라 그리하면 이 모든 것을 너희에게 더하시리라"

(마태복음 6장 31절~33절)

"예수께서… 천국 복음을 전파하시며… 무리를 보시고 불쌍히 여기시니 이는 그들이 목자 없는 양과 같이 고생하며 기진함이라 이에 제자들에게 이르시되 추수할 것은 많되 일꾼이 적으니 그러므로 추수하는 주인에게 청하여 추수할 일꾼을 보내 주소서 하라 하시니라"

(마태복음 9장 35절~38절)

"예수께서 이르시되 나의 양식은 나를 보내신 이의 뜻을 행하며 그의 일을 온전히 이루는 이것이니라"

(요한복음 4장 34절)

"썩을 양식을 위하여 일하지 말고 영생하도록 있는 양식을 위하여 하라 이 양식은 인자가 너희에게 주리니 인자는 아버지 하나님께서 인치신 자니라"

(요한복음 6장 27절)

복숭아

주목 열매

"이와 같이 좋은 나무마다 아름다운 열매를 맺고
못된 나무가 나쁜 열매를 맺나니
좋은 나무가 나쁜 열매를 맺을 수 없고
못된 나무가 아름다운 열매를 맺을 수 없느니라
아름다운 열매를 맺지 아니하는 나무마다 찍혀 불에 던지우니라
그러므로 그의 열매로 그들을 알리라"
(마태복음 7장 17~20절)

그 열매로 그들을 알지니

　흔히 5월을 계절의 여왕으로 부릅니다. 봄에서 초여름으로 이어지는 가교가 5월이기 때문에 철 지난 봄꽃, 때 이른 여름의 꽃이 한데 어우러져 피어 꽃의 향연, 축제가 벌어지기 때문입니다. 요즘은 지구온난화로 꽃들의 개화 시기가 점차 빨라지고 있어서 머지않아 4월을 계절의 여왕으로 불러야 맞을 것 같습니다. 산수유, 개나리, 진달래, 목련, 철쭉, 라일락, 장미로 이어지는 꽃의 향연은 아름다움을 통해 우리에게 기쁨을 선사합니다. 그러나 생태학적으로 꽃이 아름답고 향기로운 것은 벌과 나비를 유혹하여 꽃가루를 통해 수술과 암술의 교배를 유도하여 씨앗을 만들기 위함입니다. 이 씨앗이 자라서 열매를 맺게 됩니다. 꽃의 아름다움은 열매를 맺기 위한 처절한 몸부림인 셈입니다.

　학창시절 줄곧 암송하던 명언 가운데 "인내는 쓰고 열매는 달다."라는 문구가 떠오릅니다. 열매는 달지만 그 열매가 맺히기까지 그 과정은 쓰디쓴 인내가 필요하다는 격언입니다. 열매는 속이 꽉 찬 알곡과 속이 텅 빈 쭉정이로 구분됩니다. 알곡은 또 다른 생명을 잉태할 수 있는 씨앗을 가진 산 열매인데 반해 쭉정이는 이러한 생명의 씨앗을 가지지 못한 죽은 열매를 말합니다.

베드로 사도는 우리의 인생을 풀에 비유하고 그 영광을 풀의 꽃에 비유합니다. "풀은 마르고 꽃은 떨어지되 오직 주의 말씀은 세세토록 있다고 말합니다."(베드로 전서 1장 23~25절) 우리 인생의 덧없음과 유한함을 비유로 설명한 것입니다. 엄밀히 살펴보면 인생의 한 주기는 풀꽃의 주기와 흡사합니다. 어머니의 모태에 생명의 씨가 뿌려져 잉태하면 아기씨가 만들어집니다. 이 아기가 뱃속에서 자라나 태어나고 성장하여 유아기, 청소년기, 장년기, 노년기를 거쳐 일생을 마무리합니다. 그 과정에 성공하고 출세하여 잠시 잠깐 명예와 부귀를 누리고 사는 삶을 '풀꽃의 영광'에 비유한 것입니다. 한여름 뙤약볕과 장마철의 세찬 비바람이 몰아치면 풀꽃은 시들고 떨어지고 맙니다. 이 풀과 같이 우리의 육신의 생명이 잠시 머무르는 동안 그리고 그 꽃이 피어있는 동안 생명의 씨앗이 날아와 화수분을 통해 열매를 맺지 못하면 쭉정이로 시들어 사라지게 됩니다. 이 생명의 씨앗은 곧 예수 그리스도입니다. 우리네 인생이 살아있는 동안 우리의 영혼이 예수 그리스도를 만나 그분의 생명의 씨앗이 우리 심령의 밭에 뿌려져 열매를 맺는 삶이 곧 구원의 삶이며 거룩한 삶입니다. 일평생 이러한 만남조차 가지지 못하고 육신의 생명으로 태어나 육신의 생명으로 마감하는 삶이 곧 쭉정이의 삶입니다. 시편의 기자는 이러한 인생이 곧 악인의 삶이며 바람에 나는 겨와 같은 삶이라고 말합니다. 마태복음 3장에는 심판 날에 심판주께서 "알곡은 모아 곳간(천국)에 들이고 쭉정이는 꺼지지 않는 불(지옥)에 태우시겠다"고 선포하십니다.(마태복음 3장 11~12절)

반면에 그리스도의 영으로 거듭나 그분의 말씀을 사모하고 즐거이 묵상하며 그분을 경외하며 사는 사람이 곧 의인이며 복 있는 사람이라고 말합니다. 이러한 의인의 삶은 "시냇가에 심은 나무가 시절을 좇아 과실을 맺으며 그 잎사귀가 마르지 않고 그 행사가 다 형통하리라"고 말씀하십니다.(시편1편 1~6절) 생명의 씨앗이 없는 악인의 삶은 쭉정이나 겨와 같아서 그 안에 영적 중심이 없기 때문에 갈피를 못 잡고 바람에 날아다니는 가볍고 천박한 삶이 됩니다. 또한 그러한 삶은 "사막에 심기운 떨기나무 같아서 좋은 일이 오는 것을 보지 못하고 광야 간조한 곳, 건건한 땅, 사람이 살지 않는 땅에 살게 된다"고 말씀하십니다.(예레미아 17장 6절)
열매를 맺기 위해서는 하나님의 말씀을 사모하며 참 포도나무이신 예수 그리스도 안에 거하여 뿌리와 줄기와 가지를 통해 공급되는 생명의 자양분을 먹고 자라야 합니다. 예수 그리스도와 그의 몸 된 교회공동체 안에 머물고 있어야 생명의 열매, 성령의 열매를 맺을 수 있다고 말씀하십니다. 열매를 맺지 못하면 그것으로 끝이 아니라 "가지처럼 밖에 버려져 마르나니 사람들이 그것을 모아다가 불에 던져 사르느니라"(요한복음 15장 6절)라며 심판을 경고하고 있습니다. 거듭난 생명이 믿음의 공동체 안에서 말씀과 기도와 예배와 찬양과 교제와 헌신으로 잘 양육되어 풍성한 성령의 열매를 맺는 삶이 하나님을 기쁘시게 하는 복되고 아름다운 삶입니다.

"오직 성령의 열매는 사랑과 희락과 화평과 오래 참음과 자비와 양선과 충성과 온유와 절제니 이 같은 것을 금지할 법이 없느니라"

(갈라디아서 5장 22~23절)

"이와 같이 좋은 나무마다 아름다운 열매를 맺고 못된 나무가 나쁜 열매를 맺나니 좋은 나무가 나쁜 열매를 맺을 수 없고 못된 나무가 아름다운 열매를 맺을 수 없느니라 아름다운 열매를 맺지 아니하는 나무마다 찍혀 불에 던지우니라 그러므로 그의 열매로 그들을 알리라"

(마태복음 7장 17~20절)

"그러므로 너희가 더욱 힘써 너희 믿음에 덕을,
덕에 지식을, 지식에 절제를, 절제에 인내를,
인내에 경건을, 경건에 형제 우애를,
형제 우애에 사랑을 더하라"
(베드로후서 1장 5~7절)

영적 품격

　모든 사물에는 '물건 됨됨이' 즉, 품격이 있습니다. 사람에게
도 '사람 됨됨이' 곧 인격 또는 인품이 있습니다. 마찬가지로 우
리 각자의 영혼에도 '영적 품성'을 말해주는 영성靈性또는 영격靈格
이 있습니다. 영격을 형성하는 기초는 '첫째, 그 영혼이 그리스
도의 영으로 거듭났느냐' 이고 다음으로는 '거듭난 이후의 삶에
서 주님의 형상을 얼마나 닮아가고 있느냐' 입니다.

　구원 받은 우리는 주님께서 십자가에서 흘리신 보혈의 은혜
로 말미암아 죄사함을 받고, 멸망을 향해 달려가던 짐승과도 같
은 처지에서 고귀하고 거룩한 하나님의 자녀로 영적인 신분 상
승을 하였습니다. 하나님의 방법에 의한 신분 세탁을 통해 영적
인 신데렐라가 되었습니다.

　"그러나 너희는 택하신 족속이요 왕 같은 제사장들이요 거룩

한 나라요 그의 소유가 된 백성이니 이는 너희를 어두운 데서 불러
내어 그의 기이한 빛에 들어가게 하신 이의 아름다운 덕을 선포하
게 하려 함이라"

(베드로전서 2장 9절)

우리에게 이렇듯 고귀한 영적 신분을 부여해 주신 하나님과
예수 그리스도의 아름다운 덕을 말로, 행동으로 선포하고 사는
삶이 곧 하나님의 자녀 된 삶이며 그리스도의 제자로 사는 삶입
니다. 우리의 정욕으로 말미암아 세상에서 썩어질 것들을 붙들
고 함께 썩어져 갈 우리를, 세상 가운데서 택하시고 그의 나라
로 불러내신 하나님께서는 우리로 하여금 자신의 성품을 닮아
가기를 원하십니다. 세상에서 구별된, 거룩하고 성별된 성화의
삶을 살아가길 기대하십니다. 베드로 사도는 우리에게 다음과
같이 신의 성품에 참여하는 자가 되기를 권면합니다.

"그러므로 너희가 더욱 힘써 너희 믿음에 덕을, 덕에 지식을,
지식에 절제를, 절제에 인내를, 인내에 경건을, 경건에 형제 우애
를, 형제 우애에 사랑을 더하라"

(베드로후서 1장 5~7절)

사도바울은 우리에게 "육체와 함께 그 정욕과 탐심을 십자가
에 못박고 성령으로 살아갈 것"을 권면하며 성령의 열매를 풍성

하게 맺는 복된 삶을 누리기를 축원하고 있습니다

"오직 성령의 열매는 사랑과 희락과 화평과 오래 참음과 자비와
양선과 충성과 온유와 절제니 이 같은 것을 금지할 법이 없느니라"
(갈라디아서 5장 22~23절)

그리고 이러한 삶의 끝에는 반드시 "마지막 날에 우리가 주
님의 형상으로 변화 받는 우리의 몸이 변화되는 영화靈化의 약속
이 주어져 있음"을 말하고 있습니다.

"보라 내가 너희에게 비밀을 말하노니 우리가 다 잠 잘 것이
아니요 마지막 나팔에 순식간에 홀연히 다 변화하리니 나팔 소리
가 나매 죽은 자들이 썩지 아니할 것으로 다시 살아나고 우리도 변
화되리라 이 썩을 것이 반드시 썩지 아니할 것을 입겠고 이 죽을 것
이 죽지 아니함을 입으리로다"
(고린도전서 15장 51~53절)

우리는 이렇듯 고귀한 은혜와 약속의 보배를 우리의 연약한
육신의 질그릇에 담고 있는 자들로서 말씀과 믿음 가운데 더욱
정진하여 두렵고 떨림으로 우리의 구원을 이루어야 합니다

"그러므로 나의 사랑하는 자들아 너희가 나 있을 때뿐 아니라 더욱 지금 나 없을 때에도 항상 복종하여 두렵고 떨림으로 너희 구원을 이루라"

(빌립보서 2장 12절)

수국

민들레 홀씨

주님의 임재 앞에 나 홀로

신앙적으로, 영적으로 존경받던 지도자들이 어느 순간 타락하고 부패하여 세간의 지탄을 받는 안타까운 장면을 종종 목격합니다. 가슴 아픈 일입니다. 이것은 비단 그 지도자 한 사람에게 국한되는 문제가 아니기 때문입니다. 우는 사자처럼 삼킬 대상을 찾고 있는 사탄에게 주님의 몸 된 교회가 먹이감이 되고 조롱과 능욕의 대상이 되기 때문입니다. 성경에도 이러한 영적 타락의 사례들이 상세히 소개되어 우리에게 큰 경종과 교훈을 주고 있습니다. 공통점은 주님의 임재 앞에 서 있다는 준엄한 사실 즉 코람데오^{Coram Deo}하는 마음과 자세를 순간적으로 망각하고 눈앞에 보이는 현실, 즉 육신의 정욕, 안목의 정욕, 이생의 자랑에 굴복하고 타협한 결과입니다.

대표적 사례가 창세기 3장에 나오는 아담과 하와의 '선악과 사건'입니다. 사탄(뱀)의 유혹에 넘어가 하나님의 계명을 어기는 불순종으로 인하여 모든 인간이 죄인으로 전락하였고 이를 구속하기 위하여 예수 그리스도께서 십자가에서 처절한 고난을 당해야 했습니다.

"여자가 그 나무를 본즉 먹음직도 하고 보암직도 하고 지혜롭게 할 만큼 탐스럽기도 한 나무인지라 여자가 그 열매를 따먹고 자기와 함께 있는 남편에게도 주매 그도 먹은지라"

(창세기 3장 6절)

충성스러운 부하 장수 우리아의 아내를 탐하여 음모를 꾸며 그를 죽게 하고 그 아내를 자신의 아내로 취한 이스라엘의 다윗 왕의 경우도 여기에 해당합니다(사무엘하 11장). 후일 그는 침상이 다 젖도록 하나님께 회개하며 자신의 죄를 뉘우칩니다. 하나님께서는 다윗의 죄를 용서해 주셨지만 그의 삶에 많은 징계를 주셔 다윗을 연단시키셨습니다. "내가 탄식함으로 피곤하여 밤마다 눈물로 내 침상을 띄우며 내 요를 적시나이다"(시편 6편 6절)

예수님의 수제자 베드로가 예수가 잡혀 들어간 대제사장의 마당 한 켠에서 숨어서 불을 쬐다가 여종에게 들통이 나자 공포에 질려 예수님을 세 번 이나 부인한 사건의 원인도 여기에 있

습니다. 후일 예수께서 부활하서 베드로를 찾아와 그에게 연거
푸 세 번이나 "네가 나를 사랑하느냐?"고 다짐을 받은 후에야
그에게 사명을 주신 것도 베드로의 연약함을 잘 아시기 때문입
니다. 후일 베드로는 주님을 배신함에 대한 큰 자책 가운데, 죽
을 때조차 예수님 매달린 십자가에 그대로 매달리는 것이 죄송
하다 하여 거꾸로 매달려 죽음을 맞이합니다.

반면 위기의 순간에도 끝까지 '코람데오'의 자세를 잃지않아
하나님과 사람 앞에 은총과 귀중히 여김을 받고 축복을 누린,
믿음의 본보기가 되는 아름다운 사례들도 많이 있습니다. 성경에
나오는 대표적 인물이 아브라함입니다. 창세기 22장, 아브라함
이 외아들 이삭을 번제물로 하나님께 드리는 순종의 장면이 코람
데오의 본보기입니다. 100세가 다되어 얻은 귀한 외아들을 짐승
잡듯 잡아서 하나님께 번제로 드리라는 명령에 순종하여 그는 좌
고우면 하지 않고 새벽 일찍 일어나 모리아산의 바위로 올라갑니
다. 이삭을 대신할 양 한 마리를 미리 예비해 두신 하나님께서는
아브라함의 믿음을 보시고 그를 자자손손 축복하셔서 그의 후손
을 하늘의 별, 바다의 모래와 같게 하셨으며 아브라함으로 하여
금 후대에 '믿음의 조상'으로 칭송 받도록 하셨습니다.
요셉의 삶도 코람데오의 전형이 아닐 수 없습니다. 어린 나
이에, 총명함으로 형들의 시샘을 받아 애굽에 노예로 팔려간

후, 총명함과 신실함을 인정받아 바로 왕의 시위 대장 보디발의 가정 총무가 됩니다. 빼어난 용모에 하나님이 주시는 은총과 지혜로 충만한 요셉에게 성적 매력을 느낀 보디발의 아내가 집요하게 유혹의 손길을 뻗쳐 왔지만 그는 "내가 어찌 이 큰 악을 행하여 하나님께 죄를 지으리이까"(창세기 39장 9절)라며 그녀의 유혹을 단호히 물리치고 달아납니다만 모욕을 느낀 보디발 아내의 모함으로 감옥에 갇히게 됩니다. 요셉의 믿음과 행실을 지켜보신 하나님께서는 후일 그를 애굽의 총리로 삼아 존귀의 관을 씌워 주셨습니다.

코람데오의 또 다른 모본은 다니엘입니다. 예루살렘이 바벨론에 함락되어 포로로 붙들려간 소년 다니엘은 하나님에 대한 경외심과 지혜가 남달라 느부갓네살 왕과 그의 후계자 벨사살 왕의 꿈을 해석하여 일약 스타덤에 오릅니다. 존귀와 권세가 주어집니다. 그러나 벨사살 왕이 죽고 다리오 왕이 즉위하자 다니엘을 시기하던 무리들이 그를 모함하고자 음모를 꾸미며, 왕 외에 다른 신에게 경배하고 절하는 자들을 사자 굴에 던져 죽이고자 합니다. 이 엄중한 위험 앞에도 다니엘은 평소처럼, 남의 눈에 띄기 쉬운 윗방에 올라가 예루살렘으로 향하는 창문을 열고 하루 세 번씩 무릎 꿇고 하나님께 기도하다가 적발되어 결국 사자 굴에 던져집니다. 하나님께서 사자의 입을 봉하시고 다니엘을 구원하여 주심으로 왕과 신하와 온 백성 앞에서 하나님의 살아계심과 놀라우신 권능을 선포하시고 다니엘을 크게 높이시고 큰 은총과 형통의 축복을 내리셨습니다.

하나님을 경외하던 믿음의 사람들이 믿음을 저버리고 타락하는 이유는 하나님은 눈에 보이지 않지만 눈앞의 현실(육신의 정욕, 안목의 정욕, 이생의 자랑)은 아주 가까이서 늘 우리를 붙들고 유혹하고 흔들기 때문입니다. 이 유혹에 흔들리지 않고 승리하는 믿음의 삶을 살기 위해서는, 내 눈에 보이지 않지만 나의 관절과 골수를 찔러 쪼개시며 내 마음속 깊은 곳의 뜻과 생각까지 살펴보고 계시는 하나님 시선 앞에 내가 서 있음을 한시도 잊지 말아야 합니다. 아담처럼 한순간의 유혹을 이기지 못해 영원한 생명의 상급을 잃어버리고, 에서처럼 한 그릇 팥죽을 위하여 장자의 명분을 팔아버린 망령된 삶을 살지 않기 위해서는 하나님 말씀에 우리 자신을 늘 쳐서 복종해야 합니다. 말씀을 붙들고 묵상하며 하나님의 임재 앞에 날마다 홀로 서야 합니다. 할렐루야!

"너는 이스라엘 자손의 온 회중에게 말하여 이르라 너희는 거룩하라 이는 나 여호와 너희 하나님이 거룩함이니라"

(레위기 19장 2절)

"내가 그리스도와 함께 십자가에 못 박혔나니 그런즉 이제는 내가 사는 것이 아니요 오직 내 안에 그리스도께서 사시는 것이라 이제 내가 육체 가운데 사는 것은 나를 사랑하사 나를 위하여 자기 자신을 버리신 하나님의 아들을 믿는 믿음 안에서 사는 것이라"

(갈라디아서 2장 20절)

"내가 내 몸을 쳐 복종하게 함은 내가 남에게 전파한 후에 자신이 도리어 버림을 당할까 두려워함이로다"

(고린도전서 9장 27절)

"그러므로 나의 사랑하는 자들아 너희가 나 있을 때뿐 아니라 더욱 지금 나 없을 때에도 항상 복종하여 두렵고 떨림으로 너희 구원을 이루라… 이는 너희가 흠이 없고 순전하여 어그러지고 거스르는 세대 가운데서 하나님의 흠 없는 자녀로 세상에서 그들 가운데 빛들로 나타내며… 그리스도의 날에 내가 자랑할 것이 있게 하려 함이라"

(빌립보서 2장 12절~16절)

큰 갈퀴나물

"주께 합당하게 행하여 범사에 기쁘시게 하고
모든 선한 일에 열매를 맺게 하시며
하나님을 아는 것에 자라게 하시고"
(골로새서 1장 10절)

주님의 눈으로, 주님의 마음으로!

　부모를 섬기는 방식에는 물질적으로 부모님의 필요를 채워드리는 봉양奉養과 부모님의 마음과 뜻을 헤아려 받드는 양지養志가 있습니다. 봉양과 양지가 함께 어우러질 때 비로소 진정한 효도가 됩니다. 주변에서 종종 목격하게 되는 일인데, 부모는 잘살고 경제적으로 윤택한 자녀보다는 부모의 마음을 편하게 해주는 자녀와 함께 살기를 원합니다. 구원받고 거듭난 우리는 하나님을 아바(아빠), 아버지로 부르는 하나님의 자녀입니다. 자녀에게는 응당 부모님을 기쁘게 해드려야 할 책임이 따릅니다. 부모의 간절한 뜻을 헤아리고, 그 염원과 바램을 알아차려 그 필요를 채워드리는 자녀가 진정한 효자입니다. 이스라엘의 다윗 왕은 '하나님의 마음에 합한 자'로 인정받을 만큼 하나님의 뜻에 순종하며 전심으로 하나님을 섬겼습니다. 다윗의 이 마음을 보셨기에 그의 일탈과 실족에도 불구하고 하나님께서는 끝까지 다윗에 대한 신뢰와 은총을 거두지 않으셨습니다.

부모의 뜻에 순종하는 자녀가 효자이듯, 마음과 정성을 다해 하나님의 뜻을 섬기고 받드는 사람이 하나님을 기쁘시게 하는 '효자 크리스천'입니다. 효자 크리스천이 되려면 주님의 눈과 마음으로 주변을 바라보고 헤아릴 줄 알아야 합니다. "하나님께서는 어떤 마음으로 보고 계실까?", "이 일을 하나님께서 기뻐하실까?", "이럴 때 하나님이라면 어떻게 하실까?" 이런 질문을 늘 머리에, 생각에 달고 살아야만 주님의 뜻에 부합되게 살 수 있습니다. '효자 크리스천'은 우리를 지으시고 영적으로 낳아주신 하나님께 순종할 뿐만 아니라 하나님께서 동일한 사랑으로 똑같이 낳아주신 주변의 영적인 형제, 자매를 부모의 심정으로 아끼고 사랑하는 사람입니다. 부모의 입장에서는 낳아준 자녀들이 서로 사랑하고 화목하면 큰 기쁨이 됩니다.

오늘날 교회 공동체 안에서 지체 간에 사랑이 식어 냉기가 흐르고, 서로 반목하고 다투는 일로 인하여 우리 주님을 근심케 할 뿐만 아니라 세상을 불편하게 하는 일이 잦은데 이는 모두 부모의 심정을 헤아리지 못하는 데서 비롯된 일들입니다. 예수님께서는 십자가에서 죽으시고 부활하신 이후에는 그동안 자기를 따르던 제자들을 더 이상 제자로 부르지 않고 '형제'로 부르셨다는 사실에 주목해야 합니다.

"예수께서 이르시되 나를 붙들지 말라 내가 아직 아버지께로 올라가지 아니하였노라 너는 내 형제들에게 가서 이르되 내가 내 아버지 곧 너희 아버지, 내 하나님 곧 너희 하나님께로 올라간다 하라 하시니"

(요한복음 20장 17절)

참으로 놀랍고 감격스러운 말씀입니다. 자신을 따르고 추종하던 제자들을 더 이상 제자로 여기지 않으시고, 하나님이라는 동일한 아버지로부터 태어난 귀한 형제로 부르신 것입니다. '형제(자매)'라는 호칭은 오늘날 예수님의 제자로 살아가는 우리 모두에게도 적용되는 최고의 극존칭임에도 불구하고 교회가 세속화되고 계급화 되면서 '형제(자매)'라는 귀한 호칭 보다는 장로, 권사, 집사라는 호칭에 더 집착합니다.

"거룩하게 하시는 이와 거룩하게 함을 입은 자들이 다 한 근원에서 난지라 그러므로 형제라 부르시기를 부끄러워하지 아니하시고 이르시되 내가 주의 이름을 내 형제들에게 선포하고 내가 주를 교회 중에서 찬송하리라 하셨으며"

(히브리서 2장 11~12절)

존귀하신 예수님께서, 십자가의 복음으로, 하나님의 자녀로 거듭난 우리 모두를 형제(자매)라 부르시기를 부끄러워하지 않으셨는데도 우리는 장로, 권사, 집사라는 호칭 대신에 형제, 자매라고 부르면 마치 신앙적으로 강등당한 듯한 느낌을 갖기 쉽습니다. 형제(자매)는 나이가 어리거나 신앙적 연륜이 짧은 사람을 호칭하는 것으로 잘못 이해하고 있다면 주님 앞에 크게 부끄러워해야 합니다. "보라 아버지께서 어떠한 사랑을 우리에게 베푸사 하나님의 자녀라 일컬음을 받게 하셨는가, 우리가 그러하도다 그러므로 세상이 우리를 알지 못함은 그를 알지 못함이라"

(요한일서 3장 1절)

부모의 마음을 아프게 하는 또 다른 일은 자녀 간의 차별입니다. 여러 자녀를 두다 보면 똑똑하고 잘나고 건강하고 성공하는 자녀가 있는가 하면 반대로 어디가 좀 모자라고 건강도 약하고 경제적으로도 형편이 어려운 자녀도 있을 수 있습니다. "열 손가락 깨물어 안 아픈 손가락 없다"는 말처럼 부모에게는 소중하지 않은 자식이 없습니다. 오히려 부족하고 모자라고 병약하고 어려운 형편에 있는 자녀에게 부모의 마음은 더 가기 마련입니다. 늘 안타까워하고 가슴 아파하게 됩니다. 자기 속으로 낳았기 때문입니다. 우리를 향하신 우리 주님의 마음도 마찬가지입니다. 자비와 긍휼에 풍성하신 우리 주님의 눈과 마음은 항상, 세상에서 또 신앙의 공동체 안에서 아파하고 힘들어 하고, 괴로워하는 연약한 지체들을 향하고 계심을 알아야 합니다. 말할 수 없는 연민으로 긍휼로 그들을 대하고 계신 주님께서는 어려운 형제, 자매, 이웃을 향해 우리가 사랑으로 행하고 사랑으로 섬기는 성숙한 크리스천이 되길 원하십니다.

"가난한 사람을 학대하는 자는 그를 지으신 이를 멸시하는 자요 궁핍한 사람을 불쌍히 여기는 자는 주를 공경하는 자니라"

(잠언14장 31절)

"하나님 아버지 앞에서 정결하고 더러움이 없는 경건은 곧 고아와 과부를 그 환난중에 돌보고 또 자기를 지켜 세속에 물들지 아니하는 그것이니라"

(야고보서 1장 27절)

눈과 마음에 항상 하나님이라는 '프리즘'을 덧대고 살아가는 크리스천이야말로 진정 그 분의 자녀라 일컬음을 받기에 합당한 '효자 크리스천'입니다.

"너는 마음을 다하고 뜻을 다하고 힘을 다하여 네 하나님 여호와를 사랑하라"

(신명기 6장 5절)

"주께 합당하게 행하여 범사에 기쁘시게 하고 모든 선한 일에 열매를 맺게 하시며 하나님을 아는 것에 자라게 하시고"

(골로새서 1장 10절)

"그러므로 형제들아 우리가 끝으로 주 예수 안에서 너희에게 구하고 권면하노니 너희가 마땅히 어떻게 행하며 하나님을 기쁘시게 할 수 있는지를 우리에게 배웠으니 곧 너희가 행하는 바라 더욱 많이 힘쓰라"

(데살로니가전서 4장 1절)

수선화

태종대 자갈마당

비록 영적으로 거듭난 지체들일지라도 그 혼과 육은 여전히 죄의 지배를 받기 때문에 종종 옛사람의 쓴 뿌리가 나오기 마련입니다. 모난 성격과 자아, 이기심, 탐욕, 미움, 질시, 자랑, 교만 등… 거듭난 지체 간의 교제 가운데 이러한 부정적 요인들이 날카로운 모서리가 되어 서로에게 상처를 주고 마음을 상하게 합니다. 그 아픔을 못 이겨 교제에서 이탈하고 교회를 등지는 불행한 경우도 많습니다.

부산 태종대 앞바다의 자갈 마당을 내려다 볼때마다 하나님의 놀라운 지혜와 교훈이 저를 사로잡습니다. 억겁의 세월 동안, 모나고 날카로운 돌들이 강한 파도의 소용돌이 가운데 서로 부딪혀 깨어지고 부수어지기를 반복하며 모서리가 둥그렇게 다듬어져 갑니다. 그리하여 서로 부딪혀도 전혀 아프지 않을 만큼 둥글게 다듬어져 아름답게 공존하고 있습니다. 교제 가운데 허락하신 축복의 비밀이 여기에 있습니다. 상대방의 모난 모서리가 나를 찌르고 아프게 하지만 동시에 나의 날카로운 단면이 상대를 아프게 하고 있음을 알아야 합니다. 하지만 우리는 어떻게 해서든지 이런 상황을 피하고자 하며 나를 힘들게 하는 지체들과는 함께하지 않으려고 합니다만 하나님께서는 우리의 모나고 뾰족한 모서리를 도구로 삼아 서로 부딪히게 하심으로 우리를 사랑 안에서 원만하고 온전하게 다듬어 가십니다. 교회 안에서, 교제 가운데 부딪히는 크고 작은 많은 문제를 통해서 우리 각자에게 인내와 용서와 겸양을 배우게 하시고 그리스도의 거룩한 품성을 닮아가게 하시며 그리스도의 온전하신 몸을 세워나가십니다.

구약의 제사 가운데 '소제'素祭는 곡식의 알갱이를 절구통에 넣고 찧거나 맷돌에 갈아서 거친 껍질을 으깨어 얻은 곱고 부드러운 속살에 기름을 섞어 드리는 제사입니다. 우리 각자가 지닌 제멋대로인 육신의 습성과 옛사람의 거친 껍질을 절구통과 맷돌이라는 교제의 틀에서 부수고 깨뜨리는 과정을 거쳐 그리스도에 속한, 부드럽고 고운 속 사람만 드러나게 하십니다. 여기에 성령의 기름을 부어 하나님께 제사를 올려드립니다. 이와 같이 모든 성도가 하나되어 신령과 진정으로 드리는 예배, 봉사, 교제는 향기로운 제사이며 하나님께서 기쁘게 흠향하시는 산 제사가 됩니다.

　크리스천과 성도들이 모인 곳에 문제가 많고 불평도 많고 잡음도 많은 이유는 아직 처리되지 않은 우리의 겉 사람들과 옛사람들이 서로 부딪히기 때문입니다. 그리고 절대 나 혼자서는 이 옛사람의 껍질을 깨고 부수지 못합니다. 그래서 성도들 간의 교제와 만남이라는 훈련의 장場을 주신 것입니다. 모난 자갈들의 모서리가 서로의 모서리를 갈아주고 절구통의 곡식 알갱이들이 서로 부딪혀 으깨어지며 고운 가루를 만들듯 거듭난 성도들 간의 교제의 장은 그래서 늘 시끄럽고 아픔도 많아 보입니다. 그러나 사랑 안에서 인내와 순종으로 우리 각자가 고운 가루로 연마되고 나면 하나님께서 기쁘게 받으시는 귀한 제사, 곧 소제의 훌륭한 재료가 됩니다. 축복이 아닐 수 없습니다.

　하나님께서는 우리가 드리는 모든 소제물에 소금, 곧 언약의 소금을 치라고 말씀하십니다.(레위기2장13절) 즉 크리스천 공동체 안에서 교제 가운데 우리의 자아가 부서지고 아름답게 다듬어지는 훈련에도 반드시 하나님의 말씀, 곧 변치 않고 신실하신 언약의 소금을 그 안에 두라고 말씀하십니다. 외견상 그럴듯하고 선해 보이는 우리의 봉사와 헌신과 예배일지라도 그 안에 변치 않는 하나님의 언약의 말씀이 함께할 때에만 하나님 보시기에 아름다운 산 제사가 될 수 있습니다.

"보라 형제가 연합하여 동거함이 어찌 그리 선하고 아름다운고 머리에 있는 보배로운 기름이 수염 곧 아론의 수염에서 흘러서 그의 옷깃까지 내림 같고 헐몬의 이슬이 시온의 산들에 내림 같도다 거기서 여호와께서 복을 명령하셨나니 곧 영생이로다"

(시편 133편 1~3절)

"… 하나님을 사랑하는 자 곧 그 뜻대로 부르심을 입은 자들에게는 모든 것이 합력하여 선을 이루느니라"

(로마서 8장 28절)

"인내를 온전히 이루라 이는 너희로 온전하고 구비하여 조금도 부족함이 없게 하려 함이라"

(야고보서 1장 4절)

"사랑은 오래 참고 사랑은 온유하며 시기하지 아니하며… 사랑은 자랑하지 아니하며 교만하지 아니하며 무례히 행하지 아니하며 성내지 아니하며 악한 것을 생각하지 아니하며… 모든 것을 참으며 모든 것을 믿으며 모든 것을 바라며 모든 것을 견디느니라"

(고린도전서 13장 4절~8절)

"나의 사랑하는 자들아…항상 복종하여 두렵고 떨림으로 너희 구원을 이루라…모든 일을 원망과 시비가 없이 하라…이는 너희가 흠이 없고 순전하여 어그러지고 거스르는 세대 가운데서 하나님의 흠 없는 자녀로 세상에서 그들 가운데 빛들로 나타내며…그리스도의 날에 내가 자랑할 것이 있게 하려 함이라"

(빌립보서 2장 12절~16절)

"누가 누구에게 불만이 있거든 서로 용납하여 피차 용서하되 주께서 너희를 용서하신 것 같이 너희도 그리하고 이 모든 것 위에 사랑을 더하라 이는 온전하게 매는 띠니라"

(골로새서 3장 13절~ 14절)

거제도 몽돌해변

"누가 누구에게 불만이 있거든 서로 용납하여 피차 용서하되
주께서 너희를 용서하신 것 같이 너희도 그리하고
이 모든 것 위에 사랑을 더하라 이는 온전하게 매는 띠니라"
(골로새서 3장 13~14절)

죽순

나를 소성케 하소서

어릴 적 초등학교 하교 길, 여름 뙤약볕에 목이 바짝 마르면 길가 외딴집의 펌프로 달려가 목을 축이곤 했습니다. 그러나 대부분의 경우 펌프의 물이 바짝 말라 손잡이를 위아래로 아무리 저어봐도 헛수고인 경우가 많은데 급한 대로 고무신을 벗어 양손에 개울물을 담아 펌프에 붓고 손잡이를 한참 저으면 물이 올라오곤 합니다. 한참을 품어 대면 지하 깊은 곳의 시원한 물이 뿜어져 나옵니다. 손이 시릴 정도로 시원한 물에 목을 축이고 나면 뱃속 깊이 시원한 냉기가 흘러 들어 더위를 달래던 기억이 새롭습니다.

그리스도의 사랑을 깨닫고 거듭난 기쁨으로 힘차게 간증하며 살던 크리스천들 가운데 이런저런 이유로 교회에 나가지 않고 믿음이 식어 침체에 빠지는 경우를 목격합니다. 만나서 대화를 나누다 보면 그 심령에 은혜와 감사가 메말라 있고 기쁨과 평안이 없음을 알게 됩니다. 이런 경우를 '영적인 고장'이라고 부르는데 속히 애프터서비스를 받아 고침 받을 필요가 있습니다. 특효약은 '말씀'이신 하나님께 나아가 '말씀'의 능력으로 치유 받고 회복되는 길입니다. 또한, 말씀의 공동체인 교회 안에서 믿음의 교제와 예배 가운데 나아가 구원의 은혜와 감사를 회복하는 일입니다. 말씀과 찬양이, 또 교제 가운데 나누는 간증이 마중물이 되어 잠자고 있는 생명을 일깨우고 감사와 기쁨, 은혜의 샘물을 길어 올려줍니다.

구원받고 영원한 생명을 받은 지체들은 지속적으로 코이노니아^{Koinonia} 공동체를 통해 공급되는 생명의 말씀과 은혜의 시냇가에 머물러야 하나님의 축복을 누릴 수 있습니다. 교제 가운데 부딪히는 문제와 갈등으로 교회를 등지고 말씀과 믿음에서 멀어지면 영적으로 소성함을 입을 통로마저 막혀버립니다. 또 삶 가운데 묻어오는 죄를 등한시하고 죄의 가시와 엉겅퀴가 장성하도록 방치하여 신앙생활이 파탄에 이르도록 허락해도 안 됩니다. 갈한 내 영혼, 심령이 빛 비췸을 받고 목을 축인 생명의 샘물을, 그 은혜의 시냇가를 떠나서는 안 됩니다. 생명을 이끌어 내는 힘은 생명입니다. 은혜를 길어 올리는 두레박은 은혜입니다. 우리의 생명이시고 은혜 되시며, 말씀과 성령으로 우리

가운데 함께 계시는 예수 그리스도와 동행하며 막힘이 없는 교제의 기쁨을 누리시길 축원합니다.

"하나님이여 내 속에 정한 마음을 창조하시고 내 안에 정직한 영을 새롭게 하소서 나를 주 앞에서 쫓아내지 마시며 주의 성령을 내게서 거두지 마소서 주의 구원의 즐거움을 내게 회복시켜 주시고 자원하는 심령을 주사 나를 붙드소서"

(시편 51편 10~12절)

"보라 하나님은 나의 구원이시라 내가 신뢰하고 두려움이 없으리니 주 여호와는 나의 힘이시며 나의 노래시며 나의 구원이심이라 그러므로 너희가 기쁨으로 구원의 우물들에서 물을 길으리로다"

(이사야 12장 2~3절)

전쟁은 하나님께 속한 것이니

우리의 신앙생활은 '영적인 전쟁'의 연속입니다. 구약성경에 보면 많은 전쟁의 모습이 나오며 거기에는 '찌르고', '죽이고', '부수고', '깨뜨리고', '진멸하고' 등의 잔인하고 소름 돋는 표현이 자주 등장합니다. 어느 분은 구약성경을 읽다가 이렇게 잔인하고 인정사정 두지 않는 하나님, 사랑과 용서의 마음이 조금도 없어 보이는 하나님이라면 믿을 가치가 없다고 오해하여 성경을 집어 던졌다고 합니다. 참으로 안타까운 오해가 아닐 수 없습니다. 성경에서 언급되고 있는 전쟁과 살육은 우리의 삶 가운데 마주하는, 사탄과의 치열한 '영적 전쟁'의 그림자입니다. "우리의 씨름은 혈과 육을 상대하는 것이 아니요 통치자들과 권세들과 이 어둠의 세상 주관자들과 하늘에 있는 악의 영들을 상대함이라" (에베소서 6장 12절)

우리가 구원을 받기 전에는 사탄의 노예로 복종하여 살기 때문에 영적 전쟁 자체가 없지만 구원을 받고 하나님의 백성으로 거듭나면 사탄의 대적이 되기 때문에 호시탐탐 사탄은 공격의 기회를 엿보게 됩니다. 사탄은 마치 우는 사자 같이 두루 다니며 삼킬 대상을 물색합니다. 사탄의 최우선적인 공격 대상은 하나님을 의심하고 원망하는 지체들이고 다음으로는 믿음의 교제(무리)에서 벗어나 홀로 머무는 지체들입니다.

이스라엘 백성이 홍해에서 애굽의 바로왕의 압제로부터 구원을 받고 홍해 건너편 언덕에서 춤을 추며 여호와를 찬양하는 장면이 출애굽기 15장에 나옵니다. 그러나 그들이 시내산 인근의 신 광야에 이르러 먹을 양식이 떨어지자 모세와 아론을 원망하며, 호된 종살이를 하던 애굽을 그리워하는 장면이 나옵니다(출애굽기 16장). 이번에는 그들이 신 광야를 떠나 르비딤에 이르러 마실 물이 없자 모세를 원망하고 대적합니다. 홍해 바다에서 베풀어주신 여호와의 놀라운 기적을 두 눈으로 보고 "여호와는 나의 힘이요 노래시며 나의 구원이시로다"(출애굽기 15장 2절)라고 하나님을 찬양하던 그들이 불과 2~3달만에, 애굽에서 가져온 양식과 물이 다 떨어지자 하나님을 원망하며 심지어 하나님의 사람 모세를 대적하기까지 합니다.

하나님께서는 하늘에서 만나를 내려주셔서 그들을 배불리 먹이셨고, 호렙산 반석을 깨뜨려 물을 공급하심으로 그들의 목을 축여 주셨지만 그들은 자신들의 구원자이신 하나님의 존재마저 의심하기에 이릅니다. 바로 그때를 기다렸다는 듯이 아말렉 족속이 이스라엘 백성을 공격합니다. 하나님의 백성들이 하나님의 존재와 임재를 의심하고 서로 다투고 싸우는 곳에는 반드시 사탄이 역사합니다. 하나님과 우리 사이에 벌어진 공간을 틈타 사탄이 공격해옵니다. 영적 전쟁이 시작됩니다. 아말렉은 한 그릇의 팥죽을 위하여 장자의 명분을 동생 야곱에게 팔아버린 에서의 후손들로 가나안 남쪽 지역에 살고 있었으며 고비마다 야곱의 후손인 이스라엘 백성을 공격하던 사탄의 세력을 상징합니다.

모세는 여호수아로 하여금 군대를 이끌고 나아가 아말렉과 싸우도록 명령하고 자신은 아론과 훌을 데리고 하나님의 지팡이를 들고 산꼭대기에 올라 손을 높이 들고 여호수아와 이스라엘 백성을 응원합니다. 모세가 손을 들면 이스라엘 백성이 이기고 손을 내리면 아말렉이 이기는 공방전이 계속됩니다. 모세의 팔이 피곤하매 그들이 돌을 가져다가 모세를 앉히고 그 양쪽에 아론과 훌이 서서 해가 지도록 모세의 팔을 붙들어 올리고 있자 여호수아와 이스라엘 백성이 아말렉 족속을 쳐서 완전히 무찌르게 됩니다. 여호와께서는 이 사건을 책에 기록하여 기념하도록 명하시고 "내가 아말렉을 없이하여 천하에서 기억도 못하게 하리라"고 선포하십니다. 이에 모세가 그곳에 단을 쌓고 '여호와 닛시'^Jehovah-Nissi 즉 '여호와는 나의 깃발'이라 명하고 이르되 "여호와께서 맹세하시기를 여호와가 아말렉과 더불어 대대로 싸우리라 하셨다"

  영적으로 깊은 의미를 지니는 전쟁이자 하나님의 백성이 사탄의 세력을 물리치고 승리의 깃발을 세웠다는 기념비적 사건입니다. 여기서 주목할 부분은 모세의 손이 하나님을 향하여 높이 들릴 때만 승리가 주어졌다는 사실입니다. 즉 자신들의 힘을 의지하지 않고 온전히 하나님께 의지할 때만 하나님의 도우심으로 영적 전쟁에서 승리할 수 있었다는 사실입니다. 이 영적 전쟁에서 모세 혼자 손을 들고 있자니 모세의 팔이 지치고 피곤하게 됩니다. 옆에 있던 형 아론과 조카 훌이 모세를 거들어 모세를 돌 위에 앉히고 양쪽에서 팔을 들어 올려 동역합니다. 가장 안정적인 포즈로 3인이 하나가 되어 날이 저물도록 모세의 손을 높이 치켜들었습니다. 마치 성부, 성자, 성령 삼위께서 하나가 되어 사탄과 대대로 영적 전쟁을 수행하시고 종국에는 사탄을 멸망시키고 영원한 승리를 쟁취하시는 모습을 상징적으로 보여주고 있습니다.

  영적인 싸움에서 승리하는 비결은 첫째, 하나님을 온전히 의지함이고 둘째. 영적 지체들 간의 혼연 일체된 동역이며 셋째.

인내로써 견디는 지구전입니다. 이미 우리 주님께서 십자가에서 쟁취하신 그 승리의 깃발을 붙들고, 장차 재림하셔서 사탄을 결박하고 지옥에 완전히 멸하실 때까지 합심하여 동역함으로 주님의 승리의 깃발을 높이 치켜들고 나아가야 하겠습니다.

"우리가 너의 승리로 말미암아 개가를 부르며 우리 하나님의 이름으로 우리의 깃발을 세우리니 여호와께서 네 모든 기도를 이루어 주시기를 원하노라"

(시편 20편 5절)

"주를 경외하는 자에게(승리의)깃발을 주시고 진리를 위하여 달게 하셨나이다"

(시편 60편 4절)

"너희는 나라들 가운데 전파하라 공포하라 깃발을 세우라 숨김없이 공포하여 이르라 바벨론이 함락되고 벨이 수치를 당하며 므로닥이 부스러지며 그 신상들은 수치를 당하며 우상들은 부스러진다 하라"

(예레미야 50장 2절)

"두려워 하지 말라 내가 너와 함께 함이라 놀라지 말라 나는 네 하나님이 됨이라 내가 너를 굳세게 하리라 참으로 너를 도와 주리라 참으로 나의 의로운 오른 손으로 너를 붙들리라 보라 네게 노하던 자들이 수치와 욕을 당할 것이요 너와 다투는 자들이 아무것도 아닌 것 같이 될 것이며 멸망할 것이라"

(이사야 41장 10절~11절)

하와이 숲길

그리스도인의 형통

　그리스도인의 형통이란 반드시 금전적, 물질적, 세속적으로 막힘이 없이 잘되는 것을 의미하지는 않습니다. 하나님이 아닌, 나의 지혜와 꾀, 힘만 믿고 나가면 반드시 일이 꼬이기 마련입니다. 우린 그런 실패를 통해서 하나님께서 내 삶의 주인 되심을 깨우쳐 배우게 됩니다. 전지전능하시고 무소불위하신 하나님께서 내 삶을 온전히 지배하시고 운전하시도록 내어 맡기면 내 삶도 덩달아 형통하게 됩니다. 이것이 하나님의 약속입니다.

　고난과 실의와 좌절의 질곡에서도 우리가 이 놀라운 사실을 마음으로 깨우치면 승리의 새벽은 다가오기 마련입니다. 바울과 실라가 빌립보에서 복음을 전하다 붙들려 매 맞고, 손발이 차꼬에 묶여 감옥에 갇혀있을 때 그들이 큰 소리로 주님을 찬양하고 기도하자 홀연히 옥터에 지진이 나서 차꼬가 부서지고 옥문이 열리는 승리의 기적이 일어났습니다. 그들의 기도와 찬양이, 여리고 성을 무너뜨린 믿음의 함성이 되어 빌립보 감옥을 무너뜨린 것입니다. 우리를 곤고하게 가두고 있는 환경의 감옥에 갇히고, 우리를 꼼짝 못하게 묶어두는 삶의 차꼬에 매였을 때 낙망하지 말고 오히려 간절히 기도하고 우리를 구원하신 주님을 찬양해야함을 일깨워주는 사건입니다.

썰물 때는 모래톱에 깊숙하게 박힌 배를 물에 띄우려고 몸부림치지 말고 밀물을 기다려야 하듯이 우리를 옴짝달싹 할 수 없게 가두고 옥죄는 곤고한 환경(경제, 질병, 관계 등)에 처해 있을 때 낙망 하지 말고 오히려 우리를 구원해 주시는 주님께 기도하고, 찬양하고 감사하면 우리 심령 가운데 은혜의 밀물이 차올라 그토록 무겁고 힘겨워 보이는 어려움도 가뿐히 이기고 심령의 자유와 평안을 누리게 됩니다.

내 힘과 내 꾀, 나의 의지만 믿고 살게 되면 내가 주인이 되는 삶입니다. 그러한 삶은 반드시 올무에 걸리고 돌부리에 걸려 넘어지게 됩니다. 마치 물길을 거슬러 헤엄치는 것처럼, 맞바람을 안고 배를 저어 가듯 내가 주인 된 삶은 늘 곤고 하기 마련입니다. 반면에 나의 창조주, 나의 구세주, 나의 주인 되시는 주님의 팔을 붙들고 그분의 손길에 이끌려 사는 삶은 순풍에 돛을 단 듯, 흐르는 강물에 실려 가듯 순조롭고 자유로우며 평안합니다. 항상 살아 계셔서 내 삶 가운데 역사하고 계신 우리 주님을 신뢰하며, 믿음으로 기도하고, 찬양하는 크리스천이 누리는 형통의 축복은 이런 것이 아닐까요!

"주의 법을 사랑하는 자에게는 큰 평안이 있으니 그들에게 장애물이 없으리이다"

(시편 119편 165절)

"우리 주 예수 그리스도로 말미암아 우리에게 승리를 주시는 하나님께 감사하노니"

(고린도전서 15장 57절)

"무릇 하나님께로부터 난 자마다 세상을 이기느니라 세상을 이기는 승리는 이것이니 우리의 믿음이니라"

(요한일서 5장 4절)

장미

"사랑하는 자들아 네 영혼이 잘됨같이
네가 범사에 잘되고 강건하기를 내가 간구하노라"
(요한삼서 1장 2절)

범사에 잘 되기를 간구 하노라

성경에서 범사凡事라는 표현이 자주 등장합니다. "범사에 감사하라", "범사에 기뻐하라", "범사에 여호와를 인정하라", "범사에 순종하라", "범사에 온유하라", "범사에 잘되라". 이는 좋은 일이나 나쁜 일을 막론하고 우리 삶 가운데 일어나는 모든 일, 모든 환경, 모든 상황을 의미합니다. 인생을 살다 보면 좋은 일만 있는 것이 아니고 나쁜 일, 불행한 일, 생각하고 싶지 않은 일들을 마주하게 되는데 이 모든 환경에서도 동일하게 감사하고, 기뻐하고, 또 하나님을 인정하고, 순종하고 온유함을 잃지 말라는 말씀의 권면입니다. 우리는 종종 돈벌이가 잘되고, 건강하고, 승진이 잘 되고, 자녀들이 공부 잘하고, 취업 잘되고 모든 일이 마음먹은 대로 술술 형통하게 풀려나갈 때 행복해하며 감사한 마음을 갖기 쉽지만 그 반대의 경우 낙심하고 원망하기 쉽습니다

성경은 우리가 이 세상에서 마주하는 삶은 잠깐이고 스쳐 지

나가는 안개와 같은 것이니 여기에 너무 많은 의미를 두거나 집착하지 말고, 보다 본질적이고 영원한 것에 집중할 것을 주문합니다. 즉 일시적인 것보다는 영원한 것에, 그림자와 같은 것보다는 본질적이고 실체적인 것에 더 관심을 갖고 더 소중히 여기며 살라고 부탁합니다. 따라서 눈에 보이는 현실의 잘되는 것들에 너무 많은 의미를 두지 말고 동시에 현실적인 어려움이나 불행에도 너무 상심하지 말고 마음의 균형을 유지하며 살아야 함을 지적하고 있습니다. 그러기 위해서는 무엇인가 영원하고 불변하며, 반석처럼 든든한 가치를 붙들고 살아야 합니다. 그 반석이 바로 우리의 주님 되시는 예수 그리스도입니다. 언제나 동일하시고 신실하신, 그분의 한결같은 사랑과 은혜, 식언하지 않으시고 변개함이 없는 그분의 약속을 붙들고 사는 삶이 바로 균형된 축복의 삶이자 범사에 잘되는 삶입니다.

거듭난 우리는 그리스도의 부활의 영, 부활의 생명을 선물로 받았습니다. 이 생명의 에너지는 마치 생고무 공 같고 오뚝이 같아서 놀라운 역동성과 복원력을 지니고 있습니다. 어떠한 어려움이나 난관, 좌절도 극복할 수 있는 초월성을 가지고 있습니다. 예수그리스도의 사람들은 그래서 범사에 감사하고 기뻐하고 승리할 수 있습니다. 넘어진 오뚝이를 바로 세우는 힘은 무게중심에 있는 쇠구슬입니다. 전복되려는 배를 바로 잡아 균형을 유지시켜주는 힘은 배 밑바닥의 평형수입니다. 우리 크리스천들의 무게중심을 잡아주는 쇠구슬, 평형수는 바로 우리 주님 이신 예수 그리스도입니다. 우리가 세상에서 육신에 속한 모든 것들을 다 잃는다 해도 예수 그리스도만 잃지 않으면 우리 삶은 다시 회복될 수 있습니다. 승리할 수 있습니다. 우리가 기쁠 때 나 슬플 때, 잘 될 때나 어려울 때, 건강할 때나 병약할 때나 변함없이 기뻐하고 감사할 수 있는 이유는 바로 우리의 구원되시고 생명 되시는 예수 그리스도 때문입니다. 그분이 우리의 주인 되시고 우리와 동행해 주시는 삶은 그래서 형통한 삶이고 잘되는 삶입니다. 이 신비로운 비밀을 우리의 심령 가운데 간직하고 사는 그리스도인들은 '보배를 질그릇에 가진' 사람들입니다. 할렐루야!

"우리가 이 보배를 질그릇에 가졌으니 이는 심히 큰 능력은 하나님께 있고 우리에게 있지 아니함을 알게 하려 함이라 우리가 사방으로 우겨쌈을 당하여도 싸이지 아니하며 답답한 일을 당하여도 낙심하지 아니하며 박해를 받아도 버린 바 되지 아니하며 거꾸러 뜨림을 당하여도 망하지 아니하고 우리가 항상 예수의 죽음을 짊어짐은 예수의 생명이 또한 우리 몸에 나타나게 하려 함이라"

(고린도후서 4장 7~10절)

"항상 기뻐하라 쉬지 말고 기도하라 범사에 감사하라 이것이 그리스도 예수 안에서 너희를 향하신 하나님의 뜻이니라"

(데살로니가전서 5장 16~18절)

"사랑하는 자들아 네 영혼이 잘 됨 같이 네가 범사에 잘되고 강건하기를 내가 간구 하노라"

(요한삼서 1장 2절)

유채꽃과 호랑나비

"하늘에서는 주 외에 누가 내게 있으리요
땅에서는 주 밖에 내가 사모할 이 없나이다"
(시편 73편 25절)

네 남편을 데려오라

속담에 여자의 팔자는 '두레박 팔자'라는 말이 있습니다. 세상이라는 우물에서 돈과 명예와 권력을 잘 길어 올리는 두레박과 같은 남편을 만나면 여자의 인생도 덩달아 잘 풀린다는 뜻입니다. 여권이 신장된 남녀평등의 시대가 되었지만 여자에게 있어서 남편은 여전히 자신의 삶과 인생을 좌우하는 중요한 의지의 대상이 아닐 수 없습니다. 결혼중개업소에 의하면 결혼적령기의 여성 가운데 배우자감으로 소위 '사師'자가 붙은 판사, 검사, 변호사, 의사에 대한 선호도가 여전히 높다고 합니다. 잘나고 능력 있는 두레박을 선호하는 것은 예나 지금이나 큰 차이가 없는 것 같습니다.

성경에도 이 관점에서 남편을 바라보는 뜻깊은 대화 내용이 소개되고 있습니다. 요한복음 4장에 나오는 사마리아 여인에 관한 내용입니다. 지금으로부터 약 2천년 전 사마리아 땅 '수가'

라 하는 동네의 '야곱의 우물'가에서 일어난 일입니다. 낮 12시 정오의 태양이 내리쬐는 시간에 한 여인이 물을 길러 나옵니다. 사막에서 그것도 해가 가장 뜨겁게 내리쬐는 때에, 아무도 물을 길러 나오지 않는 시간을 택하여 나온 이 여인은 남편을 자그마치 다섯 번이나 바꿀 정도로 행실이 어지러운 여자였습니다. 동네에서 손가락질 받고 따돌림 받던 처지여서 아무도 없는 시간을 택하여 물을 길러 나온 것입니다. 예수께서는 기다렸다는 듯이 이 여자에게 "물을 좀 달라"고 하십니다. 이 여인은 예수가 유대인임을 알아보고 "어찌하여 이 천하디천한 사마리아 사람에게 물을 달라고 합니까?"라고 반문합니다. 예수께서 이렇게 말씀하십니다.

"이 물을 마시는 자마다 다시 목마르려니와 내가 주는 물을 마시는 자는 영원히 목마르지 아니하리니 내가 주는 물은 그 속에서 영생하도록 솟아나는 샘물이 되리라"

(요한복음 4장 13~14절)

여자는 예수에게 그런 물이 있다면 나로 마시게 하여 목마르지 않고 물 길러 오지 않게 해달라고 간청합니다. 이에 예수는 "가서 네 남편을 불러오라"고 하십니다. 여자는 "내게는 남편이 없나이다"라고 고백합니다. 예수는 이 순간을 놓치지 않고 "네게 남편이 다섯이 있었고 지금 있는 자도 네 남편이 아니니 네 말이 옳도다"라고 말씀하십니다. 순간 여자가 고백합니다. "주여! 내가 보니 당신은 선지자입니다" 자신의 과거와 현재를 꿰뚫어 보시는 예수를 주와 선지자로 부릅니다. 예수와 대화를 이어가던 중 이 여인은 드디어 예수를 메시아로, 그리스도로 영접하게 됩니다. 그 감격에 물을 길러 왔던 물동이를 버려두고 동네에 들어가 큰소리로 외칩니다.

"내가 행한 모든 일을 내게 말한 사람을 와서 보라 이는 그리스도가 아니냐 하니 그들이 동네에서 나와 예수께로 오더라… 여자의 말이 내가 행한 모든 것을 그가 내게 말하였다 증언하므로 그 동네 중에 많은 사마리아인이 예수를 믿는지라"

(요한복음 4장 29~39절)

천대받는 사마리아 땅에, 가장 멸시받던 한 여인에게 복음의 광채가 비춰면서 이 여인의 간증을 통해 많은 영혼이 구원을 받는 감동적인 장면입니다. 예수께서는 사마리아 여인의 모든 것뿐만 아니라 우리 자신의 모든 죄와 허물을 훤히 꿰뚫어 보고 계십니다. 그 분이 우리에게 "네 남편을 데려오라"고 명령하십니다. 우리가 세상의 우물에서 구하는 물은 우리의 육신적 갈증을 채워주는 대상입니다. 돈이 될 수도 있고 명예가 될 수도 있고 권력이 될 수도 있습니다. 남편은 이러한 욕구를 채워주는 수단 곧 두레박인 셈입니다. 이 여인이 남편을 다섯이나 바꾸고 여섯 번째 남자와 살고 있는데 이렇게 자주 남편을 바꾼 이유도 자신의 세상적, 육신적 욕구를 제대로 채워줄 대상이 없어 이 사람, 저 사람을 찾아 끊임없이 방황하고 편력을 보인 까닭입니다. 남편을 수시로 바꾼 이 여인은 바로 우리 자신의 모습입니다. 예수께서 나에게 ˝가서 네 남편을 데려오라˝고 명하시면 '주여 내게는 의지할 만한 참 남편이 없나이다'라고 고백할 수밖에 없습니다.

이 불행했던 여인이 예수를 주와 그리스도로 영접하면서 일곱 번째 남편 삼아 참된 안식과 행복을 누리게 된 것입니다. 성경에서 숫자 7은 완전함을 뜻하는 완수完數입니다. 세상 가운데서 우리의 영육간의 목마름을 완전하게 해갈시켜줄 믿음의 두레박은 어디에도 없습니다. 오직 예수 그리스도만이 우리에게 영원히 목마르지 않는, 영생하도록 솟아나는 생명수를 공급해 주시는 분입니다. 예수 그리스도만이 진정으로 우리가 믿고 의지할 대상이고 완전한 남편감입니다. 이 예수를 나의 구주로 영접하여 내 심령에 모셔 들이면 그 분의 '생명'이 샘물처럼 솟아나와 내게 영원한 생명의 원천이 됩니다. 이 생명 샘이 내 주변으로, 내 이웃으로 생수의 강이 되어 흘러넘치는 삶이 진정한 그리스도인의 삶입니다. 하나님께서 아브라함에게 "너는 복이 될지라"라고 명하신 그 복의 통로로 살아가게 됩니다. 이 예수를 우리의 주와 그리스도와 남편 삼아 참 안식과 영원한 생명을 찾아 누리고 살아야겠습니다.

"내가 여호와께 아뢰되 주는 나의 주님이시오니 주 밖에는 나의 복이 없다 하였나이다"

(시편 16편 2절)

"하늘에서는 주 외에 누가 내게 있으리요 땅에서는 주 밖에 내가 사모할 이 없나이다"

(시편 73편 25절)

"이는 너를 지으신 이가 네 남편이시라 그의 이름은 만군의 여호와이시며 네 구속자는 이스라엘의 거룩한 이시라 그는 온 땅의 하나님이라 일컬음을 받으실 것이라"

(이사야 54장 5절)

"내가 여호와께 아뢰되 주는 나의 주님이시오니
주 밖에는 나의 복이 없다 하였나이다"

(시편 16편 2절)

내가 주인 삼은 모든 것 내려 놓고

종의 신분에서 주인의 가정을 다스리는 총무가 되고, 나아가 나라를 경영하는 총리가 되었다면 이는 놀라운 인생역전의 드라마가 아닐 수 없습니다. 창세기 39장에 나오는 요셉의 이야기가 여기에 해당합니다. 형들의 시샘을 받고 애굽에 종으로 팔려온 요셉은 바로왕의 시위대장(경호실장)인 보디발의 노예가 됩니다. 워낙 총명하고 신실했던 요셉을 지켜본 보디발은 하나님께서 요셉과 함께 하심을 보고 그를 자기 집안의 모든 일을 관장하는 가정 총무로 세웁니다. 비록 보디발 자신은 하나님을 믿지 않는 이방인이었지만 요셉을 통해 역사하고 계신 하나님의 능력과 지혜를 감지하고는 한 가지 꾀를 냅니다. "만약 이 요셉을 우리 집안의 총무로 삼아 그에게 집안의 모든 대소사를 맡기면, 요셉과 함께 하시는 하나님께서 요셉 때문이라도 우리 집을 축복하실 것이다"라고 말입니다.

불신자였지만 참으로 지혜로운 사람이 아닐 수 없습니다. 보디발의 예상은 적중하였습니다. "그가 요셉을 자기 집과 그 모든 소유물을 주관하게 한 때부터 여호와께서 요셉을 위하여 그 애굽 사람의 집에 복을 내리시므로 여호와의 복이 그의 집과 밭에 있는 모든 소유에 미친지라."(창세기 39장 5절)

여기서 주목해야 할 점은 여호와의 복이 임하기 시작하는 기점입니다. 보디발이 요셉에게 자기 집과 소유물을 주관하도록 내어 맡긴 바로 그 시점부터 하나님의 복이 그 집안에 임하기 시작했다는 사실입니다. 바로왕의 시위대장이면 왕과 왕궁을 지키는 심복 중의 심복이기에 틀림없이 왕의 총애를 받고 많은 전답과 가축을 하사 받아 부유하게 살고 있었을 것이고 수많은 노예와 종을 거느리고 있었을 것입니다. 그동안 이 사람, 저 사람을 집사로 세워 가정일을 돌보게 했지만 신통치 않았고 많은 시행착오를 겪던 차에 요셉을 발견하게 되었을 것입니다. 그리고 그가 비록 신분이 높은 애굽의 고관대작이었지만 정작 그의 가정 일, 농사, 목축, 부인, 자녀만은 그의 뜻대로 맘대로 잘 되지 않는다는 사실을 깨우쳐 알고 있는 사람인 듯 합니다. 또한 그는 비록 이방인이지만 하나님에 대한 경외심이 있었고 그 분의 전지전능함을 알고 있었음이 분명합니다. 그렇지 않고서는 요셉과 함께 하시는 하나님을 알아보고 그에게 그 집안의 모든 것을 선뜻 내 맡길 엄두를 내지 못하였을 것이기 때문입니다. 여하튼 그가 요셉을 가정 총무 삼아 자기의 집과 모든 소유물을 주관하게 한 바로 그 시점부터 그의 집이 형통하게 되고 복을 받기 시작했습니다. 또 하나 눈여겨 보아야 할 점은 하나님께서는 이러한 현명한 결정을 한 보디발을 위해서가 아니라 요셉을 위하여(요셉 때문에) 그 집을 축복하셨다는 사실입니다. 그리고 그 축복의 범위는 그의 집(가정)과 밭(일터)에 있는 모든 소유에 까지 이르렀습니다.

　우리는 이 짧은 성경적 예화를 통해 소중한 교훈과 가르침을 받게 됩니다. 우리네 삶은 빈부귀천을 떠나 나름대로 스스로가 주인이 되어 살고 있습니다. 내 가정, 일터에서 나의 소유를 주장하며 살고 있습니다. 천지만물을 창조하신 창조주 하나님, 우리를 죄에서 구속하신 구세주 하나님이 나의 인생, 가정, 일터, 사업의 주인되심에도 불구하고 그 분을 내 삶의 주인으로, 주관자로 모셔 들이지 못하고 그 자리를 내가 틀어쥐고 삽니다. 수많은 시행착오와 실수, 실패를 경험하면서도 그 진정한 원인을 깨닫지 못합니다. 여기서 요셉은 예수 그리스도의 그림자입니다. 우리가 예수 그리스도를 우리 삶의 주인으로 모셔 들이고 가정과 일터와 소유물을 그 분께서 주관하시도록 온전히 맡겨드리면 하나님께서 예수 그리스도 때문에 우리를 축복하십니다. 예수 그리스도 안에 예비하신 온갖 신령한 은혜와 복이 우리의 삶에 충만하게 임하게 됩니다. 요셉때문에 복을 받은 보디발처럼 예수 그리스도 때문에 축복받는 우리의 가정, 일터가 되길 소망합니다.

"여호와께서 요셉과 함께 하시므로 그가 형통한 자가 되어 그의 주인 애굽 사람의 집에 있으니 그의 주인이 여호와께서 그와 함께 하심을 보며 또 여호와께서 그의 범사에 형통하게 하심을 보았더라 요셉이 그의 주인에게 은혜를 입어 섬기매 그가 요셉을 가정 총무로 삼고 자기의 소유를 다 그의 손에 위탁하니 그가 요셉에게 자기의 집과 그의 모든 소유물을 주관하게 한 때부터 여호와께서 요셉을 위하여 그 애굽 사람의 집에 복을 내리시므로 여호와의 복이 그의 집과 밭에 있는 모든 소유에 미친지라"

(창세기 39장 2~5절)

"만군의 여호와여 주께 의지하는 자는 복이 있나이다"

(시편 84편 12절)

"너의 행사를 여호와께 맡기라 그리하면 네가 경영하는 것이 이루어지리라"

(잠언 16장 3절)

스텔라 원추리

수고하고 무거운 짐 진 자들아 다 내게로 오라 내가 너희를 쉬게 하리라
나는 마음이 온유하고 겸손하니 나의 멍에를 메고 내게 배우라
그리하면 너희 마음이 쉼을 얻으리니
이는 내 멍에는 쉽고 내 짐은 가벼움이라 하시니라"
(마태복음 11장 28절~30절)

너희를 쉬게 하리라

바쁘고 번잡한 시대를 살고 있는 현대인들의 가장 큰 비극은 진정한 쉼을 누리지 못하고 있다는 사실입니다. 무엇인가에 늘 쫓기고 회전문처럼 쉴새 없이 돌아가는 일상의 톱니바퀴에서 일탈 될까 전전긍긍하며 강박증에 사로잡혀 살고 있습니다. 무엇인가 애쓰고 안달하지 않으면 살기가 힘든 삶이 곧 수고로운 삶입니다. 하나님께서는 원래 인간의 삶이 이렇게 되도록 창조하지 않으셨지만 우리의 불순종으로 인하여 쉼과 안식을 잃어버린 것입니다. 선악과 사건 이후 인간은 두 가지 측면에서 수고로운 삶에 직면하게 되었습니다. 첫째는 자신들의 눈이 잘못된 쪽으로 밝아져 자신들의 벌거벗은 수치를 보게 되었고 이 부끄러움을 가리기 위하여 날마다 무화과 나뭇잎으로 치마를 해 입어야 하는 정신적, 영적 수고입니다. 다음으로는 하나님께서 창조해 주신 온갖 채소와 과일, 식물로 풍성했던 동산이 저주를 받아 가시와 엉겅퀴를 냄으로써 생존을 위해 땅을 파고, 갈아엎고, 파종하고, 수확하는 육체적 수고입니다. 영육 간의 고난이 시작된 것입니다.

가시는 우리를 찌르는 고통을 안겨줍니다. 우리의 삶 가운데 우리를 찌르고 괴롭히는 대상을 주신 것입니다. 자녀가 되었든, 부모가 되었든, 이웃이 되었든 직장의 상사나 동료가 되었든 우리의 관계 가운데 가시를 주서 상처를 받곤 합니다. 다음으로 엉겅퀴를 주서 우리의 발목이 걸려 넘어지게 하십니다. 금전적, 사업적으로 얽히고설켜 복잡해지고 여기서 벗어나려고 허둥대게 됩니다. 하나님께서 인간을 일부러 골탕 먹이시려는 심술이 아니라 우리가 스스로의 탐욕과 죄의 덫에 걸려 고난을 받고 있는 것입니다. 성경은 인간의 이러한 불행이 어디에서 시작되었는지를 상세히 보여주고 있습니다.

"아담에게 이르시되 네가 네 아내의 말을 듣고 내가 네게 먹지 말라 한 나무의 열매를 먹었은즉 땅은 너로 말미암아 저주를 받고 너는 네 평생에 수고하여야 그 소산을 먹으리라 땅이 네게 가시덤불과 엉겅퀴를 낼 것이라 네가 먹을 것은 밭의 채소인즉 네가 흙으로 돌아갈 때까지 얼굴에 땀을 흘려야 먹을 것을 먹으리니 네가 그것에서 취함을 입었음이라 너는 흙이니 흙으로 돌아갈 것이니라 하시니라"

(창세기 3장 17절~19절)

하나님께서는 자신의 창조의 목적과는 전혀 다르게 고통 받고 있는 인간의 신음소리에 귀를 기울이시고 이를 긍휼히 여기시고 자신의 소중한 외아들 예수를 보내시어 우리의 모든 죄짐을 대신 지게 하시고 우리를 영육간의 저주와 수고에서 해방시켜 주셨습니다. 하나님께서 원래 계획하셨던 창조의 선하신 뜻대로 우리를 회복시켜 새 생명을 주신 것입니다. 이것이 곧 구원이고 거듭남입니다. 죄책감과 수고의 노예가 되어 살아온 삶에서 해방시켜 참 자유와 안식(쉼)을 주셨습니다. 내가 주인이 아님에도 억지로 주인행세를 하느라 애쓰고 살아온 삶에, 참 주인을 만나게 해주셨습니다. 그분이 내 삶의 운전대를 잡도록 모셔 드리는 삶이 참 안식의 삶입니다. 재미있는 옛 일화가 있습니다. 시골 장날에 한 할머니가 장터에 내다 팔 요량으로 한 보따리 짐을 머리에 이고 힘겹게 걸어갑니다. 소달구지를 끌고 가던 촌부가 이 모습을 보고 안타까운 나머지 수레에 태워줍니다. 그런데 이 할머니는 수레에 올라서도 계속 머리에 짐을 이고 앉아있는 것입니다. "할머니 그 짐 내려 놓으세요"라며 권하자, 할머니 왈 "내가 탄 것도 미안한데 짐까지 태우면 너무 부담이 되지 않겠수" 하더랍니다.

어찌 보면 인생살이에서 우리가 지고 가는 수고와 짐의 상당부분은 스스로 사서 하는 수고인 경우가 많습니다. 하나님께서 예수 그리스도를 보내어 우리를 구원해 주셨는데 우리는 예수 그리스도라는 구원의 수레에 올라타고서도 짐을 온전히 맡기지 못하고 전전긍긍하고 있습니다. 구원의 안식에 한쪽 다리만 걸쳐놓고 온전한 쉼을 누리지 못하고 사는 우리의 모습입니다. 예수님은 이러한 우리들을 '참된 안식'과 '진정한 쉼'의 세계로 초대하고 계십니다.

"사람이 해 아래서 행하는 모든 수고와 마음에 애쓰는 것이 무슨 소득이 있으랴 일평생에 근심하며 수고하는 것이 슬픔뿐이라 그의 마음이 밤에도 쉬지 못하나니 이것도 헛되도다"

(전도서 2장 22절~23절)

"수고하고 무거운 짐 진 자들아 다 내게로 오라 내가 너희를 쉬게 하리라 나는 마음이 온유하고 겸손하니 나의 멍에를 메고 내게 배우라 그리하면 너희 마음이 쉼을 얻으리니 이는 내 멍에는 쉽고 내 짐은 가벼움이라 하시니라"

(마태복음 11장 28절~30절)

"진리를 알지니 진리가 너희를 자유롭게 하리라"

(요한복음 8장 32절)

"육신을 따르는 자는 육신의 일을, 영을 따르는 자는 영의 일을 생각하나니 육신의 생각은 사망이요 영의 생각은 생명과 평안이니라"

(로마서 8장 5절~6절)

벌개미취

"우리가 보고 들은 바를 너희에게도 전함은
너희로 우리와 사귐이 있게 하려 함이니
우리의 사귐은 아버지와 그의 아들 예수 그리스도와 더불어 누림이라
우리가 이것을 씀은 우리의 기쁨이 충만하게 하려 함이라"
(요한일서 1장 3절~4절)

주님을 맘껏 누리자

우리가 무엇을 '누리다' 또는 '향유하다' 라는 표현을 쓰는데, 엄마 품에 안겨 젖을 빨고 있는 아이의 평온한 모습이야말로 엄마를 온전히 누리는 모습이 아닐까 생각해봅니다. 엄마의 젖줄을 통해서 생명의 액기스가 아이에게 전해질 뿐만 아니라 엄마의 그윽한 눈빛을 통해 아이의 해맑은 눈동자 속으로 주체할 수 없는 사랑, 보호 본능, 간절한 염원이 흘러듭니다. 아이는 엄마로부터 쏟아지는 무제한의 사랑과 은혜에 흠뻑 취해 기쁨으로 볼이 상기되어 포만한 미소를 짓고 있습니다. 세상에서 이 보다 더 아름답고, 깊고, 친밀한 교제와 누림이 또 있을까요!

주님이 십자가에 흘리신 보혈의 은혜를 마음으로 깨닫고 거듭난 크리스천은 하나님의 자녀이며 권속입니다. 우리는 예수 그리스도의 피를 마시고 살을 먹고 사는 사람들이기에 그분의 지체이며 자녀입니다. 그럼에도 불구하고 마치 입양된 양자처럼, 의붓아버지 대하듯 하나님과의 관계가 껄끄럽고 막혀 있다면 안타까운 일입니다. 온전한 소통과 교제가 막힌 까닭은 우리의 죄 때문입니다. 하나님은 빛이시기 때문에 우리가 어두움 가운데 행하면 하나님과의 교제가 막힙니다. 하나님과 더불어 누리던 사귐이 방해를 받습니다. 마치 어릴 적 부모 몰래 죄를 짓고 나면 들킬까 두려워 부모의 낯을 슬슬 피하고 숨는 이치와 같습니다.

하나님과 그의 아들 예수 그리스도를 온전히 누리려면 하나님과 나 사이를 가로막는 그 무엇이 없어야 합니다. 온전히 하나가 되어야 합니다. 주님의 속성이 나를 온전히 지배하고 주님이 내 안에 내가 주님 안에 온전히 거해야 합니다. 이 아름다운 교제를 막는 주범은 바로 죄입니다. 우리의 생활 가운데 묻어오는 죄의 먼지와 오물입니다. 옛사람에 속한 죄성의 쓴 뿌리가 올라와 나를 지배하기 때문입니다. 죄의 유혹을 방치함으로써 우리의 영적 순결이 더럽혀져 있기 때문입니다.

우리는 구원을 받을 때 그리스도의 보혈로 목욕을 한 사람입니다. 침례(세례)를 통해 부활의 새 생명으로 태어났음을 간증한 사람들입니다. 그러나 이 죄악의 세상을 걸어가며 우리의 신발에, 발목에 묻어오는 죄의 먼지와 오물을 끊임없이 털어내고

발을 씻어야 합니다. 이 오물이 방치되어 덕지덕지 쌓이게 되면 하나님과의 교제가 막혀, 하늘에 속한 온갖 신령한 축복과 은혜를 누리지 못합니다. 하나님과의 친밀한 교제와 동행의 축복을 상실하게 됩니다. 마치 의붓자식처럼 부모의 안색을 살피고 눈치를 보며 불안하게 살아가야 합니다. 교제를 회복하는 지름길은 우리가 지은 죄에 대한 자백을 통해 하나님의 용서를 회복하는 일입니다. 빛 가운데 죄를 다 털어버리고 하나님의 품에 다시 안기는 일입니다. 우리의 삶 가운데 매일 매일 이 회복의 은혜와 기쁨이 모두에게 충만하시길 기도합니다.

"우리가 보고 들은 바를 너희에게도 전함은 너희로 우리와 사귐이 있게 하려 함이니 우리의 사귐은 아버지와 그의 아들 예수 그리스도와 더불어 누림이라 우리가 이것을 씀은 우리의 기쁨이 충만하게 하려 함이라"

(요한일서 1장 3절~4절)

"그가 빛 가운데 계신 것 같이 우리도 빛 가운데 행하면 우리가 서로 사귐이 있고 그 아들 예수의 피가 우리를 모든 죄에서 깨끗하게 하실 것이요…만일 우리가 우리 죄를 자백하면 그는 미쁘시고 의로우사 우리 죄를 사하시며 우리를 모든 불의에서 깨끗하게 하실 것이요"

(요한일서 1장 7~9절)

"내 살을 먹고 내 피를 마시는 자는 내 안에 거하고 나도 그의 안에 거하나니… 내가 아버지로 말미암아 사는 것 같이 나를 먹는 그 사람도 나로 말미암아 살리라"

(요한복음 6장 56절~57절)

"나는 포도나무요 너희는 가지라 그가 내 안에, 내가 그 안에 거하면 사람이 열매를 많이 맺나니… 너희가 내 안에 거하고 내 말이 너희 안에 거하면 무엇이든지 원하는 대로 구하라 그리하면 이루리라… 내가 이것을 이름은 내 기쁨이 너희 안에 있어 너희 기쁨을 충만하게 하려 함이라"

(요한복음 15장 5절~11절)

코스모스

네 하나님을 연주하라

오케스트라 연주를 감상할 때마다 그들이 연주하고 있는 곡을 통해서 감동을 받지만 동시에 다양한 악기(관악기, 현악기, 타악기)가 지휘자의 손끝에서 일사불란하게 어우러져 빚어내는 화음은 크나큰 경이로움으로 다가오곤 합니다. 나무와 철사 줄, 금속 조각, 가죽, 플라스틱 등 흔하디 흔한 소재들이 장인의 손끝에서 다양한 악기로 만들어지고 이 악기들이 한데 어울려 때론 장엄하고 때론 감미롭고 때론 애절한 화음을 빚어내니 신비로울 따름입니다.

우리 각자는 창조주 하나님께서 각각의 음색에 맞게 빚어 만드신 그분의 악기입니다. 당신은 피아노, 나는 오르간, 나는 바이올린, 당신은 첼로, 당신은 플룻, 나는 클라리넷, 당신은 드럼, 나는 마린바…우리 각자의 음색과 음조로 주님을 찬양하도록 만드셨습니다. 이처럼 아름답고 귀한 은사들이 구석에 버려진 채 먼지로 뒤덮여 방치되어 있다면 슬프고 안타까운 일입니다.

천하디 천한 사마리아 땅에서 더럽다고 손가락질 받던 한 여인이, 우물가에서 주님을 만나 빛 비췸을 받고 성령 충만하여 부끄러움도 잊은 채 동네에 들어가 주님을 찬양했듯이, 보잘것없는 우리도 주님을 만나 새 생명을 얻고 성령의 기름부음을 받으면 천상의 음조로 천사의 음색으로 주님을 연주하는 악기가 됩니다.

나의 가족, 친지, 이웃, 일터의 모든 이들은 나의 연주에 초대된 청중입니다. 숨을 죽이고 진지한 눈빛으로 나의 한 동작, 한 표정도 놓치지 않고 나의 연주를 지켜보고 있다면 어찌 방심하고 실수를 연발할 수 있을까요! 나의 찬양을 지으시고 내 삶을 지휘하고 계신 주님과 하나가 될 때 명연주가 됩니다. 온몸에 전율이 돌고 소름이 돋도록 주님을 연주해 봅시다. 청중들의 눈가에 감동의 이슬방울이 맺히도록 내 영혼과 내 달란트를 불살라 하나님을 연주합시다. 연주가 끝났을 때 모두가 기립하여 할렐루야를 연호하도록 말입니다. 내가 그 우렁찬 박수와 찬사의 주인공이 되려고 하지 말고 한 걸음 비켜나 내 뒤에서 잔잔히 지켜보고 계시는 주님께 이 모든 영광이 돌아가도록 허리 굽혀 낮은 자세로 무대에서 조용히 비켜서 봅시다.

나는 비올라, 당신은 더블 베이스, 당신은 섹소폰, 나는 트럼

펫, 나는 트라이앵글, 당신은 팀파니… 각자의 소재와 음색은
달라도 우리 모두는 주님을 연주하는 아름다운 악기입니다. 모
든 옥타브로 악기의 한계까지 주님을 연주합시다. 하나하나는
어우러지기 어려워 보이더라도 둘이 되고, 셋이 되고… 모이고
모여 소리가 부딪히다 보면 마침내 우리를 지휘하시는 주님의
손길 안에서 아름답고 웅장한 오케스트라가 됩니다. 모든 악기
가 하나로 융합되고 완전한 조화를 이룰 때 천상의 화음이 빚어
집니다. 우리 각자의 모자라고 부족한 인성과 자아가 주님의 손
끝에서 다듬어져 하나로 조화되어 가듯이 크리스천들의 오케스
트라는 주님의 사랑을 완성하는 아름다운 향연이며 주님의 몸
을 세워가는 우렁찬 역동입니다.

"할렐루야 그의 성소에서 하나님을 찬양하며 그의 권능의 궁
창에서 그를 찬양할지어다 그의 능하신 행동을 찬양하며 그의 지
극히 위대하심을 따라 찬양할지어다 나팔 소리로 찬양하며 비파와
수금으로 찬양할지어다 소고 치며 춤추어 찬양하며 현악과 퉁소로
찬양할지어다 큰 소리 나는 제금으로 찬양하며 높은 소리 나는 제
금으로 찬양할지어다 호흡이 있는 자마다 여호와를 찬양할지어다
할렐루야"

(시편 150편 1절~6절)

꽃 전시회

"할렐루야 그의 성소에서 하나님을 찬양하며
그의 권능의 궁창에서 그를 찬양할지어다
그의 능하신 행동을 찬양하며 그의 지극히 위대하심을 따라 찬양할지어다…
호흡이 있는 자마다 여호와를 찬양할지어다 할렐루야"
(시편 150편 1절~6절)

173

삘기꽃

"감사로 제사를 드리는 자가 나를 영화롭게 하나니
그의 행위를 옳게 하는 자에게 내가 하나님의 구원을 보이리라"
(시편 50편 23절)

하늘 창고를 여는 열쇠

크리스천의 영적 건강 상태를 측정하는 기준으로 말씀, 기도, 예배, 봉사, 드림 등의 잣대가 적용될 수 있습니다만 제 자신의 경험에 비추어 감사 만큼 정확한 기준은 없다고 생각합니다. 그리스도 보혈의 은혜로 값 없이 구원을 받은 크리스천이 그 마음과 입에 감사의 은혜가 메말라 있다면 분명 영적으로 고장이 나 있다고 보아야 합니다. 우리의 거듭남의 출발은 십자가 위에서 우리 죄를 대속해 주신 예수 그리스도의 값진 희생과 자신의 독생자를 대속 물로 주신 하나님 아버지의 놀라운 사랑과 한량없는 은혜에 대한 감사에서 시작되기 때문입니다.

"~하늘을 두루마기 삼고 바다를 먹물 삼아도 한 없는 하나님의 사랑 다 기록할 수 없겠네. 하나님의 크신 사랑 측량 다 못 하며 영원히 변치 않는 사랑 성도여 찬양하세~"

(새찬송가 304장)

감사는 우리가 받은 처음 복음, 그 처음 사랑을 길어 올리는 은혜의 두레박입니다. 신령한 보화로 가득 찬 하늘 창고를 여는 열쇠입니다. 감사할 일이 있을 때만 감사하지 말고 설사 감사할 일이 없다고 생각될 때조차 그냥 무조건 감사해 보세요. 감사하면 반드시 감사할 일이 생깁니다. 갑자기 하늘에서 축복이 쏟아지는 것이 아니라 그동안 자신이 누려왔던, 그러나 잊고 있었던 수많은 감사의 제목이 하나둘 떠오르게 됩니다. 감사하는 마음으로 주변을 돌아보면 감사할 이유가 오만 가지도 넘습니다. 우리가 전혀 의식하지 못하고 거저 누려온 공기, 물, 햇빛, 바람, 비···. 이 모든 것에 감사하십시오.

어느 하나만 결핍되어도 우리의 생존이 어려운데도 우리는 그동안 감사를 잊고 살았습니다. 계절을 따라 아름답게 옷을 갈아입는 온갖 나무와 꽃들, 밤하늘에 펼쳐진 무수한 별무리, 그 장엄하고 신비로운 우주의 조화! 내 몸을 구성하고 있는 무수한 세포와 상호 유기적으로 긴밀하게 움직이는 혈관, 근육, 관절, 심장, 허파, 각종 장기···. 이 모든 것은 우리를 위해 하나님께서 창조해주신 고귀한 선물입니다. 지금 이 순간에도 이 모든 우주와 자연의 질서를 이끄시고 붙들고 계신 하나님의 신실하신 능력과 사랑의 손길에 감사해 보세요!

하고 많은 사람 가운데 나를 존재하게 한 가족, 혈연, 지연, 삶 가운데 만나는 이웃들! 신앙 공동체 안의 사랑하는 교우들!

그들을 만나도록 섭리해 주시고 그들과 따뜻한 관계를 나눌 수 있도록 인도해 주시는 하나님께 감사해봅시다. 잠시 잠깐 스쳐 가는 인생살이 가운데 나한테 주어진 지금이라는 소중한 시간에 감사합시다. 또 나에게 허락된 소망이라는 이름의 미래에 대하여 가슴 설레임으로 감사합시다. 더더욱 감사할 일은 죄 가운데 영원히 멸망할 수밖에 없던 우리를 구원해 주시고 의롭다고 여겨 주시고 영원한 생명을 주셨다는 사실입니다. 하나님의 자녀 삼아 주시고 왕 같은 제사장으로 세워 주신 은혜입니다. 장차 도래할 천년왕국, 영원한 새 하늘과 새 땅에서 주님의 영광스러운 통치에 동참하게 되는 놀라운 약속을 받았다는 특권입니다. 이 놀라운 은혜를 입고 사는 크리스천이라면 당연히 그 마음에, 그 입에 감사를 달고 살지 않을 수 없습니다.

감사는, 나를 지으시고 나의 주인이 되시는 하나님께 올려 드리는 최고의 경외이며 예배입니다. 영원에서 영원으로 이어지는 무한한 시간과, 시작과 끝을 알 수 없는 광활한 우주 공간 가운데 나에게 허락하신 이 한 뼘 만한 시공時空의 좌표에서 하나님께 올려 드리는 최고의 영광과 찬양이 곧 감사입니다. 감사는, 함께 어울려 살아가는 주변과 이웃에 내가 전하는 최고의 복음이며 최상의 선물입니다. 감사는 내 삶을 아름답고, 풍요롭고, 거룩하게 하며 이웃을 행복하고 윤택하게 합니다. 그래서 감사하는 사람들이 모인 곳은 신령한 축제의 장이며 기름진 축복의 터전이 됩니다. 신약성경의 4복음서에 한 가지 더 추가 되어야 할 복음서가 있다면 바로 이 '감사복음'이 아닐까 생각해봅니다. 감사는 하나님, 예수 그리스도, 성령 곧 삼위의 하나님과의 친밀한 교제를 이어주는 가교이며 우리 주님과 더불어 온갖 신령한 복을 누리도록 초대하는 안내자입니다. 감사를 통해 하늘을 창고를 열고 주님께서 예비하신 온갖 신령한 하늘의 보화를 마음껏 누리시길 축원합니다. 할렐루야!

"감사로 제사를 드리는 자가 나를 영화롭게 하나니 그의 행위를 옳게 하는 자에게 내가 하나님의 구원을 보이리라"

(시편 50편 23절)

"시와 찬송과 신령한 노래들로 서로 화답하며 너희의 마음으로 주께 노래하며 찬송하며 범사에 우리 주 예수 그리스도의 이름으로 항상 아버지 하나님께 감사하며 그리스도를 경외함으로 피차 복종하라"

(에베소서 5장 19장~21절)

"항상 기뻐하라 쉬지 말고 기도하라 범사에 감사하라 이것이 그리스도 예수 안에서 너희를 향하신 하나님의 뜻이니라"

(데살로니가전서 5장 16절~18절)

기쁨의 우물가에서

이스라엘 민족이 주로 거주하고 활동하던 중동지역은 사막이 많아 물이 귀한 지역입니다. 게다가 생업으로 유목 생활을 하기 때문에 사람과 가축에게 먹일 물을 확보하는 것이 중요합니다. 그래서 수맥이 있는 곳에 땅을 깊이 파서 우물을 만들었고 이 우물을 중심으로 자연스럽게 마을이 형성되었습니다. 구약성경은 곳곳에서 우물가에서 벌어진 이야기들을 기록하고 있습니다. 창세기 21장에는 아브라함의 우물을 둘러싸고 아비멜렉과의 다툼이 있자 아브라함이 암양 새끼 일곱 마리를 주고 우물의 소유권을 확보하는 일화가 나옵니다. 또 아브라함이 자신의 고향 땅에 늙은 종을 보내어 이삭의 아내 리브가를 찾은 것도 바로 우물가였습니다. 야곱이 외삼촌 라반의 가축떼를 돌보면서 자신의 소유를 늘려간 것도 바로 우물가에서 있었던 일입니다.

우물은 사람과 가축 모두의 육신의 갈증을 풀어주고 생명을 유지시켜 주는 생존의 수단이자 재산과 생업의 중요한 터전이

기도 했습니다. 깊은 우물에 두레박을 내려 물을 길어 올리고 이 물을 어깨에 지거나 머리에 이고 나르는 일은 때론 귀찮고 힘겨운 노동이 될 수도 있습니다. 심지어 이 우물의 점유권 문제로 목동들 간에 주민들 사이에 다툼과 싸움이 생기기도 합니다. 우리가 상상하는 목가적이고 낭만적인 우물이 아니라 생존을 위한 치열한 생존경쟁의 현장이었던 것입니다.

동시에 우물은 우리의 영적 목마름을 해갈시켜주는 생명의 원천을 상징합니다. 우리 몸의 80%가 수분으로 구성되어 끊임없이 물을 원하듯 우리의 영적 생명을 유지시키는데도 하늘의 생명수가 필수적입니다. 문제는 이 영적인 생명수를 얻는 과정에 기쁨이 결여되어 있다는 사실입니다. 우리의 신앙생활, 봉사, 섬김, 예배가 반복적이고 의무적인 매너리즘에 빠지게 되면 온전한 기쁨을 누리지 못하게 됩니다. 기쁨이 없는 두레박질은 단순한 노동과 수고에 지나지 않습니다. 마치 메말라 버린 빈 우물에 빈 두레박을 드리우는 것과 같습니다.

우리가 신앙생활에서 기쁨을 상실하는 까닭은 우리가 만난 처음 복음의 첫 감격을 잊고 지내기 때문입니다. 사마리아 수가의 우물가에서 예수를 만나 복음을 듣고 그 분을 주와 그리스도로 영접한 사마리아 여인의 벅찬 감격과 감사를 잊었기 때문입니다. 우리가 예수 그리스도를 깊이 만났던 우리 각자의 우물가, 그 놀라운 현장의 기억을 잊은 채로 살기 때문입니다. 물 길러 왔던 양동이를 버려둔 채, 부끄러움도 아랑곳없이 동네로 뛰어가 "내가 메시아를 만났다고! 구세주를 만났다고! 내가 구원받고 영생을 얻었노라! 당신도 구원받고 이 은혜를 누려보라!"고 외치던 처음 복음의 그 감동, 그 은혜가 메말라 버린 까닭입니다. 생명수가 말라버린 심령은 사막입니다. 자신의 생명조차도 간수하기 힘겨울 뿐 아니라 다른 생명을 움트게 할 기력조차 상실한 황폐한 죽음의 땅입니다.

메마른 땅과 같은 우리의 심령이 회복되려면 내 안에 생명수가 다시 흘러야 합니다. 홍해 바다를 가르시고 이스라엘 백성을 구원해 내신 하나님의 놀라운 능력과 그 은혜에 감격한 모세와 미리암과 이스라엘 백성이 한데 어울려, 바다 건너편 구원의 언덕에서 춤추며 불렀던 노래가 우리의 심령 가운데 되살아나야 합니다.

"내가 여호와를 찬송하리니 그는 높고 영화로우심이요 말과 그 탄 자를 바다에 던지셨음이로다 여호와는 나의 힘이요 노래시며 나의 구원이시로다 그는 나의 하나님이시니 내가 그를 찬송할 것이요 내 아버지의 하나님이시니 내가 그를 높이리로다"

(출애굽기 15장 1절~2절)

하나님께 불순종함으로 앗시리아의 포로로 잡혀간 유대의 백성들이 하나님의 도우심으로 귀환하는 날을 앙망하며 기쁨으로 하나님께 드리는 감사의 찬송이 우리의 노래가 되어야 합니다.

"그날에 네가 말하기를 여호와여 주께서 전에는 내게 노하셨사오나 이제는 주의 진노가 돌아섰고 또 주께서 나를 안위하시오니 내가 주께 감사하겠나이다 할 것이니라 보라 하나님은 나의 구원이시라 내가 신뢰하고 두려움이 없으리니 주 여호와는 나의 힘이시며 나의 노래시며 나의 구원이심이라 그러므로 너희가 기쁨으로 구원의 우물들에서 물을 길으리로다"

(이사야 12장 1절~3절)

예수 그리스도의 보혈의 은혜로 거듭난 우리는 항상 그분의 보혈의 샘에서 영생하도록 솟아나는 생명수를 마시고 살아야 합니다. 주변으로 그 생명을 흘려보내는 은혜와 축복과 생명의 통로로 살아야 합니다. 그 보혈의 샘에서 처음 복음의 놀라운 사랑과 은혜와 능력을, 기쁨으로 날마다 길어 올리며 살아야 합니다. 사막처럼, 황무지처럼 메마른 우리의 삶에 생수의 강이 흘러 에덴의 낙원, 가나안의 옥토로 소성되고 회복되길 소망합니다. 할렐루야!

"광야와 메마른 땅이 기뻐하며 사막이 백합화 같이 피어 즐거워하며 무성하게 피어 기쁜 노래로 즐거워하며 레바논의 영광과 갈멜과 사론의 아름다움을 얻을 것이라 그것들이 여호와의 영광 곧 우리 하나님의 아름다움을 보리로다"

(이사야 35장 1절~2절)

"나 여호와가 시온의 모든 황폐한 곳들을 위로하여 그 사막을 에덴 같게, 그 광야를 여호와의 동산 같게 하였나니 그 가운데 기뻐함과 즐거워함과 감사함과 창화하는 소리가 있으리라"

(이사야 51장 3절)

"내 영혼아 여호와를 송축하라 내 속에 있는 것들아 다 그의 거룩한 이름을 송축하라 내 영혼아 여호와를 송축하며 그의 모든 은택을 잊지 말지어다"

(시편 103편 1절~2절)

국화

갈릴리 바다

"보라 하나님은 나의 구원이시라 내가 신뢰하고 두려움이 없으리니
주 여호와는 나의 힘이시며 나의 노래시며 나의 구원이심이라
그러므로 너희가 기쁨으로 구원의 우물들에서 물을 길으리로다"
(이사야 12장 1절~3절)

은혜의 바다로!

이스라엘과 요르단의 국경에 위치한 사해死海바다는 염분의 농도가 25%로 일반 바다보다 다섯 배나 높아 물고기 한 마리 살지 못하는 죽음의 바다입니다. 죄악의 도시 소돔과 고모라가 사해 바다 인근에 수몰되어 묻혀 있다는 주장과 맞물려 영적으로도 그다지 좋은 이미지를 주지 못하는 곳이기도 합니다. 그러나 아이러니컬하게도 이곳 사해 바다를 방문하여 은혜의 참뜻을 깨우치기도 합니다. 염분의 밀도가 워낙 높다 보니 부력 또한 커서 물에 들어가기만 하면 팔다리를 힘들여 젓지 않아도 몸이 저절로 둥둥 떠 오르는 체험을 하면서 진정한 쉼과 안식이란 바로 이런 것이로구나 하며 감탄을 하게 됩니다. 우리는 입에 은혜를 달고 살지만 정작 우리의 삶에는 참된 자유와 안식이 없는 경우가 많습니다. 내 수고와 희생의 대가로 하나님께 보상을 받으려는 '보상 신앙', 죄와 율법에서 구원을 받았다고 하면서도 여전히 율법의 테두리를 벗어나지 못하고 얽매어 전전긍긍하는 '율법 신앙'은 우리에게 평안과 자유를 주지 못합니다.

기독교는 은혜의 종교입니다. 은혜는 나의 행위, 나의 조건과 관계없이 하나님께서 일방적으로 베풀어주시는 혜택입니다. 우리를 하나님의 형상으로 창조해 주신 것도, 죄로 타락한 우리를 죄에서 구속해 주시고 의롭다고 해주신 것도, 우리에게 자유와 영생을 주시고 왕 같은 제사장으로 삼아 주신 것도 다 하나님의 은혜입니다. 나의 노력과 수고가 단 1%도 가미되지 않은 전적인 하나님의 은혜 입니다. 우리가 율법을 지켜서 그 상급으로 주어진 선물도 결코 아닙니다. 우리에게 조건 없이 거저 주시는 하나님의 은혜인 것입니다.

은혜와 상반되는 개념은 율법입니다. 성경은 "율법의 행위로 하나님 앞에 의롭다 하심을 얻을 육체가 없다"(로마서 3장 20절)고 밝히 말합니다. 오직 "믿음으로만 하나님 앞에 의롭게 된다"(로마서 3장 28절)고 말합니다. 우리는 태생적으로 율법을 온전히 지킬 수 없는 존재이기 때문에 율법을 지켜 하나님의 의를 결코 이룰 수 없습니다. 율법은 "이것을 하라, 하지 마라" 하며 일일이 사사건건 개입하고 간섭하고 강요합니다. 마치 주인이 종을 다루듯 억압하고 속박합니다. 그래서 율법에 얽매인 신앙생활은 자유도 없고 쉼도 없는 종의 신앙입니다. 마치 애굽의 바로왕 밑에서 심한 노역으로 삶의 소망마저 잃어버리고 지내던 이스라엘 백성들의 삶과도 흡사합니다. 하나님께서 모세를 보내서서 이스라엘 백성을 바로왕의 압제에서 구원하신 사건이 출애굽^{Exodus}인 것처럼 하나님께서 예수 그리스도를 이 땅에 보내서서 사탄의 종노릇하던 우리를 해방시켜 하나님의 자녀로 불러내신 사건은 영적인 출애굽입니다. 이렇게 세상으로부터 불러낸 무리^{Ecclesia}가 곧 교회입니다. 교회는 하나님과 예수 그리스도의 은혜를 경험한 사람들의 공동체입니다. 사탄의 압제로부터, 죄와 율법의 굴레로부터 해방되어 자유를 얻고 하나님의 자녀 된 자들의 공동체입니다.

이스라엘 백성들이 홍해에서 구원을 받고 건너편 언덕에서 기쁨과 감격에 겨워 춤추고 뛰놀며 부르던 노래, 그 노래의 감동이 넘치는 곳이 교회입니다. 교회는 기쁨으로 구원의 우물에서 은혜를 길어 올리는 장소입니다. 주의 영이 계신 곳에는 자유가 있기 때문에 주님의 몸 된 교회에는 자유함이 있습니다. 사탄의 통치에서, 죄와 율법의 올무에서 벗어난 하나님의 아들들의 영광의 자유가 함께합니다. 우리에게 모든 것을 후히 주사 누리게 하시는 하나님을 아버지로 부르는 신앙생활은 그래서 은혜의 신앙입니다. 이 은혜에 기반한 신앙생활에는 강박감이나 부자유함이 없으며 순풍에 돛을 단 듯, 흐르는 물에 실려 헤엄을 치듯 자유롭고 순조로우며 평안합니다.

거듭남을 고백한 크리스천들 가운데는 이런저런 이유로 신앙생활에 힘을 잃고 구원의 기쁨도 상실한 채 교회 공동체안에서 이방인처럼, 손님인 양 쭈뼛쭈뼛하며 기름과 물처럼 잘 섞이지 못하고 맴도는 분들이 있습니다. 또 자신의 노력과 수고로 은혜의 상급을 받고자 애쓰는 분들도 계십니다. 예수 그리스도 안에서 이미 효력이 상실된 율법의 옛 조문을 붙들고 영적 씨름을 하고 있는 안타까운 경우도 많습니다. 이 모두가 복음의 감격과 은혜를 잊고 살기 때문입니다. 죄사함 받고 새 생명으로 거듭났을 때의 그 감사, 그 기쁨, 그 자유를 잃어버린 까닭입니다. 주변 사람의 손을 붙들고 내가 받은 놀라운 복음을 들려주고 싶어 안달하던 그 열정이 식어버린 까닭입니다. 하늘로부터 쏟아지는 은혜의 단비가 멈추고 끊겨 황무지와 같이 메마르고 간조 한 땅이 되었기 때문입니다. 말씀과 예배와 교제를 멀리하며 생활 가운데 묻어오는 죄를 방치함으로 죄의 쓴 뿌리가 우리의 발목을 잡고 우리를 넘어지게 하고 우리의 기운을 빼기 때문입니다.

누가복음 5장에는 예수께서 게네사렛 호숫가에서 시몬의 배에 올라 선상^{船上}설교를 하신 후 시몬에게 바다 깊은 곳으로 배를 저어 그물을 드리우라고 말씀하시는 장면이 나옵니다. 밤이 새도록 그물을 던져 고기 한 마리 잡지 못한 시몬이었지만 예수의 말씀에 순종하여 깊은 바다로 나아가 그물을 던지자 그물이 찢

어질 만큼 많은 고기가 잡혀, 배 두 척에 나누어 실어도 배가 잠길 정도로 만선이 되었습니다. 우리의 지혜와 능력만 의지하고 살 때 우리는 자주 실패를 경험하게 됩니다. 밤새 그물을 던져 보았지만 빈 그물만 끌어올린 시몬처럼, 삶 가운데 경주하는 우리의 수고와 노력도 헛수고로, 수포로 돌아가는 경우가 허다합니다. 우리의 신앙생활도, 믿음의 공동체 안에서 드러지는 우리의 섬김과 봉사도, 주님의 은혜가 함께하지 않으면 빈 수고, 헛수고가 될 수 있습니다. 우리가 주님의 말씀과, 지혜와 능력에 의지하여 순종함으로, 깊은 바다로 나아가 믿음으로 그물을 끌어 올릴 때 우리의 삶은 은혜로 충만해져 만선을 이루게 됩니다.

하나님께서 우리를 구원하신 까닭은 우리로 하여금 하나님의 영광을 드러내게 하려는 목적입니다. 예수 그리스도 안에 예비하신 놀라운 사랑과 한량없는 은혜, 영생의 축복을 마음껏 누리게 하기 위함입니다. 하나님께서 우리를 어두운 데서 불러내어 그의 기이한 빛에 들어가게 하신 것은 하나님의 아름다운 덕을 이웃과 주변에 선포하게 하려 하심입니다. 이러한 부르심의 소명을 받은 우리가 시든 꽃처럼, 알맹이 없는 쭉정이처럼, 바람에 나는 겨처럼, 밖에 버려져 말라버린 가지처럼, 메마른 황무지처럼 살아간다면 참으로 안타까운 일입니다. 주님께 영광은 고사하고 근심을 끼치게 됩니다.

먼저 우리가 주님의 손을 언제, 어디서, 어떻게 놓쳤는지 되돌아보고 회개해야 합니다. 우리의 죄를 주님 앞에 자백함으로써 다시 깨끗함을 입어야 합니다. 항상 빛 가운데 머물고 계신 우리 주님, 그 분과 동행하던 바로 그 자리로 돌아가 치유 받고 회복되어야 합니다. 우리의 심령이 처음 복음의 감격으로 다시 뛰놀며, 기쁨으로 춤을 추며 소성함을 입어야 합니다. 믿음의 공동체 안에서 우리 각자가 사랑 가운데서 뿌리가 박히고 터가 굳어질 때 그리스도의 풍성하신 사랑을 알게 됩니다. 우리 앞에 펼쳐 주신 은혜의 바다로 마음껏 노를 저어 나아가, 그리스도의 사랑의 너비와 길이와 높이와 깊이가 어떠함을 깨달아 그 복을 누리는 사람은 참으로 행복한 크리스천입니다. 할렐루야!

"믿음으로 말미암아 그리스도께서 너희 마음에 계시게 하시옵고 너희가 사랑 가운데서 뿌리가 박히고 터가 굳어져서 능히 모든 성도와 함께 지식에 넘치는 그리스도의 사랑을 알고 그 너비와 길이와 높이와 깊이가 어떠함을 깨달아 하나님의 모든 충만하신 것으로 너희에게 충만하게 하시기를 구하노라"

(에베소서 3장 17절~19절)

"그러나 너희는 택하신 족속이요 왕 같은 제사장들이요 거룩한 나라요 그의 소유가 된 백성이니 이는 너희를 어두운 데서 불러

내어 그의 기이한 빛에 들어가게 하신 이의 아름다운 덕을 선포하
게 하려 하심이라"

(베드로전서 2장 9절)

"자 곧 가거라 이제 곧 가거라 저 큰 은혜 바다 향해~
자 곧 네 노를 저어 깊은 데로 가라 망망한 바다로~
언덕을 떠나서 창파에 배 띄워
내 주 예수 은혜의 바다로 네 맘껏 저어가라"

(새찬송가 302장)

에필로그

이스라엘 성지순례 중 만난 짙푸른 갈릴리 호수! 그 영혼의 바다에서 경험한 감동과 은혜를 잊을 수 없습니다. 2천년전 예수님께서 바로 이곳 '갈릴리'에서 제자들을 배에 태워 건너편 '벳새다'로 보내시고 자신은 기도하러 홀로 산에 오르셨습니다. 바람을 거슬러 노를 저어가던 제자들의 배가 높은 물결을 만나 모두가 고난을 당하고 있을 때 예수님께서 그 딱한 형편을 아시고 밤 사경에 바다 위로 걸어서 제자들 앞으로 오셨습니다. 이에 놀란 제자들이 놀라 '유령'이라하며 무서워 떠는데 예수는 "안심하라 나니 두려워하지 말라"(마태 14:27)고 위로하십니다. 어둡고 캄캄한 갈릴리 바다에 찾아오셔서 고난 가운데 있는 제자들을 위로하시고 평안으로 인도하신 우리 주님! 바로 그 분께서 지금 우리가 마주하고 있는 저마다의 인생의 바다, 고난의 바다苦海에도 찾아오셔서 말할 수 없는 긍휼과 사랑으로 우리를 위로해주고 계십니다.

동일한 바다일지라도, 우리가 스스로 주인이 되고 선장이 될 때 고난의 바다가 되지만, 주님의 전능하신 팔에 안겨, 그분의 임재와 도우심을 믿고 나가면 위로의 바다, 평안의 바다, 은혜의 바다가 됩니다. 우리 모두, 그 분의 임재와 은혜 가운데로 더

멀리 더 깊이 노를 저어 나감으로 삶 가운데 주님을 맘껏 누리는 복된 크리스천이 되길 소망합니다!

여러모로 부족한 글을 끝까지 읽어주신 독자 여러분께 머리 숙여 감사드리며 부디 이 책이 여러분을 은혜의 바다로 인도하는 또 하나의 작은 이정표가 되길 소망합니다.

미숙한 글임에도 기도와 격려로 귀한 추천의 말씀을 주신, 지구촌교회 이동원 원로목사님, 진재혁 담임목사님께 깊이 감사드리며 아름다운 사진으로 지면을 더욱 풍성하게 꾸며주신 한국사진작가협회 오도연 작가님, 정성스레 교정해 주시고 조언을 아끼지 않으신 연규흠 시인께도 감사드립니다. 기꺼운 마음으로 정성껏 책을 출간해 주신 도서출판 고요아침 이지엽 대표님과 송지훈 팀장님께도 감사의 인사를 올립니다. 집필 과정 내내 기도로 응원해 준 평생의 동역자 성연숙, 딸 서현, 아들 재영에게도 감사와 사랑을 전하며 은혜롭게 책이 출간될 수 있도록 인도해 주신 우리 주님께 감사와 영광을 올려드립니다! 할렐루야!

2018. 01.
은혜의 바다에서,
최남철 올림

195

내 평생의 기도

- 나의 존재와 시간과 소유의 주인이 되시는 주님

- 늘 Coram Deo 하게 하시고

- 주님의 눈과 마음으로 주변을 보게 하시며

- 행동하는 믿음 갖게 하소서

- 열린 마음으로 열린 동역 하게 하시고

- 온유와 겸손으로 나보다 남을 낮게 여기게 하시며

•인자한 언어, 행실로 주변에 덕이 되게 하소서

•주님의 지혜와 능력에 의지하여 신실함으로
화평과 희락 가운데 가정과 일터 경영하게 하시고

•주님 주시는 은혜와 축복으로 내 삶이 차고 넘쳐
은혜의 통로, 축복의 통로 되게 하소서

•영원한 천성 늘 사모하며 이 땅에서 순례자의 길
아름답게 마무리하게 하소서

아멘

은혜의
바다로

초판 1쇄 인쇄일 · 2018년 01월 12일
초판 1쇄 발행일 · 2018년 01월 22일

지은이 l 최남철
펴낸이 l 노정자
펴낸곳 l 도서출판 고요아침
편 집 l 송지훈
인 쇄 l 상지사 피엔비

출판등록 2002년 8월 1일 제 1-3094호
120-814 서울시 서대문구 증가로29길 12-27 102호
전 화 l 02-302-3194~5
팩 스 l 02-302-3198
E-mail l goyoachim@hanmail.net

ISBN 978-89-6039-717-0(03230)